La bruja en casa

Guía completa de rituales y hechizos para convertir tu casa en un espacio sagrado

ARIN MURPHY-HISCOCK

Autora de *La bruja verde*

Muchos de los nombres utilizados por fabricantes y vendedores para distinguir sus productos son marcas registradas. Cuando utilices utensilios de cocina, hornos o cocinas y a la hora de manipular alimentos crudos, sigue siempre las normas de seguridad y de sentido común. Si los niños participan en la preparación de cualquier receta, deberán estar en todo momento bajo la vigilancia de un adulto.

Primera edición: marzo de 2021
Primera reimpresión: noviembre de 2021
Segunda reimpresión: enero de 2023

Título original: *The House Witch*

Traducción: Blanca González Villegas

Diseño de portada: Rafael Soria

Publicado por acuerdo con Adams Media, un sello de Simon & Schuster Inc., Massachusetts, EE.UU.

De la presente edición en castellano:
© Distribuciones Alfaomega S.L., Arkano Books, 2019
Alquimia, 6 - 28933 Móstoles (Madrid) - España
Tels.: 91 617 08 67
www.grupogaia.es - E-mail: grupogaia@grupogaia.es

Depósito legal: M. 4.727-2021
I.S.B.N.: 978-84-17851-24-8

Impreso en España por: Artes Gráficas COFÁS, S.A. - Móstoles (Madrid)

Dedicatoria

Para Ada y Audrey, que están descubriendo la magia como forma de ayudar al mundo que las rodea y de sanar a aquellos a los que aprecian.

Agradecimientos

Mi eterno agradecimiento para el equipo de Simon & Schuster, incluidas Eileen Mullan y Brett Palana-Shanahan, que han trabajado en este libro para ofrecérselo a un nuevo grupo de lectores. Gracias también a mi equipo original de Adams Media por ayudarme a desarrollar la primera versión de este libro, en especial a Andrea Hakanson. De todos los caminos que existen en la brujería, la del hogar es la más cercana a mi corazón, así que estaré por siempre agradecida a Andrea por haberme ayudado a compartirla inicialmente con los lectores.

Índice

Introducción

TU HOGAR ES UN SITIO de refugio, renovación y creatividad en el que empiezas y terminas cada día. Es también la raíz principal de la que obtienes tu energía y tu espiritualidad. La brujería del hogar trabaja para honrar y fortalecer este espacio sagrado y para hacerlo lo más sencillo, apacible y revitalizador posible.

A diferencia de las brujas verdes, que se centran en prácticas basadas en la naturaleza, y de las de la cocina, cuyo objetivo principal es la comida y cocinar, la bruja de la casa investiga y usa la magia del hogar. Así como otros caminos espirituales suelen dirigir su mirada *más allá* de ese espacio para centrar su atención en el mundo natural, la bruja en casa crea un lugar sólido y alentador desde el que trabajar, una base doméstica literal (y mágica).

En *La bruja en casa* explorarás las energías del lar, del hogar y de la casa, y aprenderás a crear un refugio espiritual para ti y tus seres queridos en el ajetreado mundo actual. En estas páginas vas a aprender a hacer muchas cosas:

- Localizar y potenciar el lar espiritual de tu hogar
- Realizar rituales para proteger y limpiar tu hogar
- Construir una capillita en la cocina

- Preparar recetas que fusionen la magia con la comida
- Dominar los secretos del caldero y de la llama sagrada
- Adaptar las prácticas ancestrales de la brujería del hogar a los tiempos modernos
- Hacer manualidades inspiradas en el lar

Básicamente, el papel de la bruja en casa consiste en facilitar el bienestar espiritual de todos, tanto de sí misma como de su familia y de los huéspedes que acoge. Su casa es su templo y lo cuida para que la energía siga fluyendo libre y suavemente, honrando los principios por los que se rige. Su objetivo es apoyar y atender tanto espiritual como físicamente a su familia (y a la comunidad en un sentido más amplio). Por tanto, si estás lista para explorar la magia que puede encontrarse o crearse en tu hogar y para utilizarla con el propósito de mejorar tu vida, ¡empecemos!

CAPÍTULO 1

Un lugar al que llamar hogar

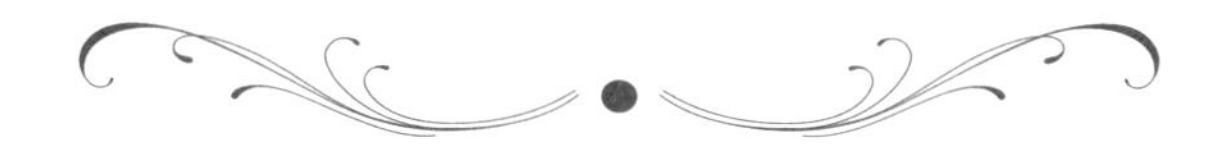

SI HAY ALGO QUE TODOS compartimos es la necesidad de cobijo, alimento y un sitio al que llamar hogar. Hablo de ese espacio al que regresamos para encontrar refugio, renovación, relajación y rejuvenecimiento. En este capítulo te mostraré qué significa esta palabra y cuál es el lugar que ocupa el hogar en una vida espiritual.

La espiritualidad procede de nuestro interior, y el camino o la práctica que elegimos es lo que le proporciona contexto. Uno de los más comunes es el hogar, el centro espiritual de la casa. Sea cual fuere tu camino espiritual actual, tiene mucho sentido enraizarlo en él porque alimenta el resto de tu vida espiritual.

La brujería y la espiritualidad basadas en el hogar

La brujería del hogar es un camino espiritual que parte de la creencia de que la casa es un lugar de belleza, poder y protección en el que las personas son atendidas y alimentadas tanto desde el punto de vista espiritual como físico y emocional. Describe la parte de la espiritualidad asociada al camino de la bruja en casa, y toma el hogar como base. No es brujería de cocina, aunque esta también puede estar incluida en la práctica de una bruja del hogar. Tampoco es brujería verde, aunque esta puede influir y enriquecer también una práctica basada en el hogar.

La brujería del hogar afirma que la espiritualidad, como muchas otras cosas, empieza en casa. No basta con asistir con una frecuencia determinada a reuniones espirituales fuera de ella. La casa es, en sí misma, un elemento esencial de una práctica espiritual sustentadora, vibrante y continuada. Antiguamente, la religión organizada constituía la fuente de nuestra satisfacción espiritual. Sin embargo, ante la creciente insatisfacción que se experimenta dentro las instituciones religiosas de este tipo, resulta muy lógico devolver el centro espiritual al hogar, ya sea como elemento principal o de apoyo. Honrar el hogar significa honrar tus orígenes, el lugar del que sales cada día y al que regresas todas las noches.

¿Por qué la denominamos brujería del hogar?

Originalmente, el *hogar* es el lugar donde se enciende el fuego en las cocinas, en las chimeneas o en los hornos de fundición. También se conoce como *lar*. Con el transcurso de los siglos ha llegado a simbolizar el bienestar doméstico y toda la casa, que se percibe como el corazón o el centro del espacio de vida. Por tanto, una persona que practica la brujería del hogar es aquella cuyas prácticas espirituales giran en torno al lar y a la casa, simbolizados por la lumbre y el lugar en el que se mantienen las llamas.

Bruja de cocina es quizá un término más conocido que se utiliza popularmente para definir a alguien que practica la magia cocinando, horneando y haciendo las tareas cotidianas. La brujería del

hogar se diferencia de la de cocina en que hace hincapié sobre todo en el aspecto espiritual que impregna la práctica, en oposición a la práctica fundamentalmente mágica de las brujas de cocina. En páginas posteriores de este mismo capítulo encontrarás más información sobre estas últimas.

La brujería del hogar, como otros aspectos de la práctica de la bruja en casa y otras formas de brujería de cocina y verde, gira en torno al sentido práctico y requiere pocas normas rituales o formalidades. Aquí tienes unas cuantas palabras clave que debes recordar cuando pienses en ella:

- Sencilla
- Práctica
- Relacionada con la familia
- Doméstica
- Cotidiana
- Familiar

No te compliques

Las prácticas que se sugieren en este libro se basan en la sencillez. Aquí la palabra *ritual* no significa algo desarrollado ni complicado sino, más bien, una ceremonia intuitiva o algo que se separa de la acción cotidiana mediante la atención y la intención conscientes. Además, la palabra *magia* alude al intento consciente de realizar un cambio combinando y dirigiendo la energía hacia un objetivo positivo. Los rituales y los actos mágicos incluidos en este libro son solo instrucciones básicas que pueden servirte para hacerte una idea de cómo estructurar tu propia práctica espiritual del hogar.

¿Por qué es tan especial la brujería del hogar?

Todo parte de una verdad muy básica:

Vivir la vida es un acto espiritual.

Dicho esto, puede resultar difícil aislar los elementos exactos que constituyen la espiritualidad y, por extensión, las mejores formas de aplicarla activamente en casa.

Lo que hace que la brujería del hogar sea tan especial es que sus principios encajan perfectamente en todas las cosas que hacemos cada día en casa; de hecho, *es* el conjunto de estas cosas. Básicamente, el objetivo de este libro es ayudarte a reconocerlas y a prestarles toda tu atención para que puedas así apreciarlas plenamente. La obra te ofrece también algunas ideas para realzar estos actos y objetos cotidianos y, con ello, facilitar o profundizar tu experiencia.

¿Qué significa espiritual para ti?

Nutrir el elemento espiritual del hogar es una parte fundamental de la práctica de la brujería del hogar. ¿Cómo se hace? La respuesta depende de la forma en la que definas *espiritual.* Ya has leído algunas definiciones básicas, pero lo crucial de esta práctica es que tú definas el término. Reflexiona sobre estas preguntas:

- ¿Qué constituye para ti una experiencia espiritual?
- ¿Cuáles son las características de un objeto sagrado?
- ¿Qué elementos convierten una acción en acto espiritual?

Son preguntas amplísimas y cada persona que intente responderlas contestará de una manera diferente. Intentar definir la palabra *espiritual* puede resultar complicado y frustrante, y posiblemente ponga a prueba nuestra fe. Es posible que no consigas decir nada más que: «Sencillamente, sé cuando algo lo es». ¡Y está muy bien! Básicamente, cuando reconoces algo como espiritual, admites que te conmueve de algún modo o que te llega muy hondo de una forma concreta, evocando determinados sentimientos que pueden ser indefinibles.

Centra tu práctica

Cuando ya sepas qué tipo de cosas te parecen espirituales, o qué tipo de acontecimientos o actos evocan esa respuesta en tu interior, quizá te puedas hacer una idea de dónde debes centrar tu práctica de la espiritualidad basada en el hogar, y de cuál es la manera de identificar y establecer actividades cotidianas que puedan sustentarla, reconociendo y empleando esos momentos espirituales para reforzar tu compromiso con el propósito de convertir tu hogar en un lugar espiritual. Una forma de hacerlo consiste en aprovechar estos momentos y actividades como una oportunidad para pensar en cosas «importantes» (no en el sentido de equilibrar tus gastos o comprar productos para hacer la cena, sino como una cuestión relacionada con tu espiritualidad); como una buena ocasión para enviar pensamientos buenos a tu familia, tus amigos y tu comunidad, o para practicar una forma de «meditación en movimiento» en la que realizas una acción sencilla y constante con la mente clara. Puede que dediques unos momentos a elevar una oración o sencillamente a abrir tu corazón y hablar con Dios en la forma que tú imagines la Divinidad, el universo, el espíritu del amor o aquello con lo que te apetezca hablar.

Tener una espiritualidad sana significa mantenerte relajada, centrada y practicando *algo*. Es dejar abiertas las líneas de comunicación entre tú y algo que es más grande que tú. El término *prácti-*

ca se emplea a menudo para describir lo que hacemos en relación con nuestro camino espiritual, y significa actuar física o intencionalmente siguiendo una teoría asociada con él. Al buscar o definir de forma activa una actividad espiritual, creas la oportunidad de desarrollar una conexión más profunda con el mundo que te rodea (en el capítulo 2 analizaremos más a fondo la santidad, sobre todo en lo que respecta a la casa).

Las cosas cotidianas pueden ser mágicas

Por lo general, tenemos la sensación de que es imposible que algo sencillo resulte tan eficaz, potente o útil como lo más complicado o difícil. Es una percepción humana muy curiosa. A la gente le encanta enrevesar las cosas, posiblemente para tener una vía de escape si no le salen bien. De esa forma, podemos exclamar con toda tranquilidad: «¡Es que era demasiado difícil!». La humanidad parece esquivar intuitivamente la responsabilidad. Sin embargo, asumirla en tu práctica espiritual, trabajar desde el corazón de tu hogar hacia fuera, te ayuda a establecer una relación más gratificante con el mundo que te rodea.

Todo es, o puede ser, un acto mágico. Remover una olla de sopa mientras la recalientas puede ser un acto mágico. Y también limpiar la encimera, fregar los platos, llenar la tetera y organizar las latas de té. ¿Y qué hay que hacer para convertir todas estas cosas en algo mágico? No hace falta pronunciar palabras secretas ni dibujar formas arcanas en el aire. No se trata de añadir algo que sea necesario sino, más bien, de reconocer y apreciar algo que ya está presente.

¿Cómo se reconoce la magia? Prueba estos pasos:

- **Vive el momento**. Estar presente en el momento resulta más difícil de lo que parece. Significa no pensar en lo que vas a hacer a continuación ni en lo que acabas de hacer; no pensar en lo que tendrás que dejar en media hora para ir a recoger a los niños ni en que tienes que acordarte de comprar leche al volver. Por el contrario, se trata de pensar en lo que estás haciendo en este preciso momento. Sencillamente, sé. Siente el peso de la jarra que tienes en la mano, siente cómo cambia cuando la inclinas para servir la leche, escucha el sonido que hace el líquido al fluir hacia el vaso.

- **Sé consciente de tu intención**. La consciencia es la clave de la mayor parte de las acciones mágicas. Mientras estás haciendo algo, asegúrate de tener una expectativa clara del resultado o de la energía que esa actividad lleva asociados. Imaginar un resultado claramente definido es fundamental para alcanzar el éxito.
- **Dirige correctamente tu energía**. Centra tu voluntad y permítele que «llene» la acción que estás realizando. La energía mal dirigida se desperdicia.
- **Céntrate en una acción**. Sobra decir que tiene que existir una acción en la que puedas volcar tu trabajo mágico pero, por dejarlo claro, merece la pena señalar que es preferible concentrarse en una sola y no en varias. En caso contrario, te resultará mucho más difícil seguir centrada durante un tiempo largo, sobre todo si tienes que ir cambiando de una acción a otra.

Recuerda que para la brujería del hogar es importante simplificar las cosas y que te centres en el trabajo que estás haciendo en la casa. Si sientes la necesidad de hablar en un momento que definas como de trabajo espiritual o mágico, hazlo desde el corazón o pronuncia una oración o una poesía breve que ya conozcas y que puedas aplicar a varias situaciones (en el capítulo 10 encontrarás sugerencias acerca de la magia en voz alta y las oraciones).

Básicamente, la magia es el arte de centrar tu voluntad de una forma clara para producir un cambio o una transición de algún tipo. Si estás familiarizada con la práctica contemporánea de la magia, sobre todo de manera conjunta con tu práctica espiritual, entonces sabrás que existen determinados símbolos u objetos que te ayudan a centrarte y te aportan energía para conseguir ese cambio. Si estás interesada en este tipo de trabajo como suplemento de tu práctica espiritual, deberías leer un libro que se centre específicamente en la magia y los hechizos. Como el objetivo fundamental de este libro es mantener una práctica espiritual basada en el hogar, no encontrarás en él muchas descripciones de trabajos mágicos. Pero sí incluye sabiduría popular y tradiciones del hogar que algunas personas pueden identificar o definir como magia.

Aunque mucha gente utiliza los términos *casa y hogar* indistintamente, no son lo mismo y en este libro cada uno de ellos se emplea para describir una cosa concreta. *Casa* hace referencia al edificio físico, a sus cuatro paredes y el techo que las cubre, y a la dirección y situación geográfica de tu residencia. *Hogar* es la entidad energética creada por ese edificio físico, la familia que vive en él y la identidad que brota de la interacción entre ambos. Por otra parte, el *lar* es el lugar donde se enciende el fuego, la lumbre que representa el corazón de esta entidad.

¿Y cómo podemos conectar todo esto con la espiritualidad? Cada momento es una oportunidad de estar en el ahora, de apreciar el momento y de convertirlo en algo mágico. De ese modo reconocemos que hasta la tarea más simple da forma a nuestro espíritu y puede alimentar nuestra alma. Cuando te permites a ti misma estar presente en el momento, estás demostrando lo especial que eres. Después de todo, la vida está hecha de muchos momentos diminutos engarzados unos con otros. Abrirte a las tareas más simples y dejar que te inspiren con algo de visión interior o sabiduría, o incluso con un momento de paz, refleja el hecho de que la Divinidad puede susurrarte en el lugar más raro e inesperado. La brujería del hogar consiste en comunicarte con la Divinidad a través de las tareas cotidianas, no mediante complicados rituales formales.

Cómo construir tu cuartel general espiritual

El objetivo de la bruja en el hogar es crear y mantener la mejor atmósfera posible para su familia y sus amigos, apoyarlos, impulsarlos y nutrirlos tanto física como espiritualmente.

Una casa es una estructura neutra, mientras que un hogar es un lugar vivo y próspero creado por las acciones e intenciones de las personas que viven en él. Es un santuario, un entorno de seguridad. Se define por las personas que viven en él, que lo crean, y está adaptado a su energía, que marca el hogar en más de un sentido: lo nutre y lo impulsa espiritual y emocionalmente, pero también se plasma en forma de dinero para establecerlo y mantenerlo. Las hipotecas, los alquileres, el mobiliario y los productos que se consumen en él se alimentan con energía en forma de dinero que gana un individuo mediante su trabajo u otro intercambio energético. La emoción, el tiempo y el dinero son formas válidas de energía que intervienen en el mantenimiento del hogar y de la casa.

El hogar es el lugar donde construyes una base, un cuartel general desde el que puedes aventurarte al mundo y al que regresas al final del día. Allí puedes ser tú misma, relajarte y dejar que la energía que controlas de una manera tan férrea fuera de sus paredes fluya libremente en un espacio protegido. Es una base excelente y muy inmediata para la práctica espiritual.

Denise Linn, autora del libro *Sacred Space*, afirma: «Los hogares son representaciones simbólicas de nosotros mismos y, de hecho, en un sentido más profundo, son extensiones nuestras». Y tiene toda la razón. Inconscientemente, la forma en la que tratas tu espacio vital ofrece a menudo una idea de cómo te percibes a ti misma. En un nivel más activo, al controlar conscientemente la forma en la que organizas y decoras el espacio en el que vives, estás influyendo en el concepto que tienes de ti misma y en cómo te sientes. El entorno afecta al funcionamiento emocional, físico y mental. Por eso resulta lógico deducir que también influye sobre tu bienestar espiritual.

A muchas de nosotras nos parece importante disponer de una habitación o un espacio definido dentro de nuestro hogar que sea exclusivamente nuestro: un dormitorio, un rincón, un despacho o una salita. Lo que a menudo pasamos por alto son las zonas comunes, que están igualmente investidas de consciencia deliberada y que deberíamos cuidar como si se tratasen de un espacio privado o personal. Los espacios comunes de un hogar, como el cuarto de estar, el comedor, el cuarto de baño y la cocina, se convierten en un conglomerado de las energías de todas las personas que los usan y de las actividades que se realizan en ellos.

En lugar de permitir que la energía se forme de cualquier manera, sin ningún tipo de dirección consciente, y de vivir con lo que resulte de esa fórmula, es muy conveniente hacerse cargo de ella y guiar su identidad. En el próximo capítulo veremos que esto influye también en la salud espiritual y en el bienestar de los miembros de la familia.

La energía es fluida y está siempre en movimiento, por lo que el resultado nunca es permanente. Lo ideal es hacer un mantenimiento constante. Y nunca es demasiado tarde para empezar o para invertir la energía de una habitación común que, de una forma u otra, nos resulta hostil o nos hace sentir incómodos.

Mantener, guiar y dar forma a la energía de una zona común es un modo de cuidar la salud y el bienestar de las personas que la utilizan.

El cuidado de los que están dentro de tu hogar

La práctica de la brujería del hogar presupone que existe alguien a quien cuidar, aunque se trate de ti misma o de tus mascotas. La familia es una de las piedras angulares de este tipo de magia.

Los miembros de la familia (o las personas que residen en la casa) participan activamente en dar forma a la energía del hogar e influyen sobre ella. Mantienen y alimentan constantemente su elemento espiritual mostrándose activos, comunicativos, cariñosos y físicamente presentes. Proporcionan una energía que la bruja de la casa debe gestionar, y esta es una de las razones de la práctica. La energía viva es importante para nuestro camino; sin ella, el hogar se convierte en una simple casa.

La dinámica activa, fluida y siempre cambiante de la familia asegura la participación y la actividad, unos elementos esenciales del bienestar espiritual. También es importante recordar que la interacción y el apoyo familiar van más allá de mantener la identidad general del hogar, puesto que la familia se sustenta también como cada uno de los individuos que la conforman.

Piensa en tus valores

Cada vez hay menos gente que pertenezca a un grupo religioso definido, y por ello el apoyo espiritual recae sobre la familia. Esto puede resultar todo un reto, sobre todo cuando piensas en la moral, la ética y los valores que una religión organizada define e inculca a sus fieles. Estos tres términos son difíciles de separar e incluso a veces se confunden.

- **Moral**: normas de conducta o principios acerca de lo que está bien y lo que está mal.
- **Ética:** los principios morales que rigen la conducta o influyen sobre ella.

- **Valores**: principios o normas de conducta. *Valor (en singular)*: el aprecio que algo merece; importancia o valía.

Como estas tres definiciones están tan entrelazadas, vamos a simplificarlas:

- La moral son los principios que definen lo que está bien y lo que está mal.
- La ética es la aplicación de la moral a nuestra conducta.
- Los valores son la moral y la ética que un individuo o una sociedad en su conjunto consideran importantes y dignas de ser respetadas.

Determina qué principios morales consideras importantes y muéstralos activamente mediante una conducta ética, sobre todo en el hogar.

Si tus familiares están abiertos a debatir sobre temas espirituales, pídeles también que contribuyan en la definición de los valores fundamentales que deseas asociar a tu hogar. Es justo incluirlos a ellos y a sus creencias, porque lo que sucede en el hogar también les afecta. Puede resultar de lo más esclarecedor conocer la moral y la ética que valoran tu pareja y tus hijos, y quizá te sorprendan enumerando principios en los que no habías pensado.

Define tus valores

Aquí tienes un ejercicio que puedes realizar con tu familia o a solas si no vives con nadie más. Si lo haces con la familia, celebra una tormenta de ideas para hablar de moral, de ética y de valores y haz una lista general. Una vez terminada la sesión, convoca otra para un par de días después con el fin de analizar la lista general elaborada durante la tormenta de ideas. A partir de ella, haz una lista de los temas que tienen más significado para todos vosotros, y pégala en la nevera o cuélgala en un tablón para que todos podáis verla con regularidad. Pon un ejemplo de la vida real en cada uno de los puntos. Por ejemplo, si uno de los valores es la «consciencia ecológica», un ejemplo podría ser «llevar la comida al trabajo en una bolsa reutilizable o en una fiambrera». La «compasión» se podría ilustrar «haciendo a alguien una taza de té y luego sentándote junto a esa persona para demostrarle que hay alguien que se interesa por ella».

Buscar en el diccionario cada una de las palabras de la lista y leer la definición puede resultar también muy ilustrativo porque la idea popular de términos como *compasión* y *generosidad* podría no ser lo que realmente significan. Podríais discutir en familia la diferencia entre la definición del diccionario y la forma en la que vosotros entendéis el término, y elegir la que más os guste si tiene más peso ético y ejerce una influencia más positiva en la forma en la que queréis vivir la vida.

El cuidado de los que están fuera de tu hogar

Uno de los elementos esenciales de la brujería del hogar es que presupone la existencia de algún tipo de comunidad a la que hay que cuidar, ya seas tú misma con una mascota, tu familia o tu círculo de amistades. La mayoría de las brujas de la casa se sienten atraídas por esta práctica porque sienten la necesidad de cuidar y atender a las personas que están más cerca de ellas. Una cocina y un hogar son lugares en los que las personas operan e interactúan. Estas personas son literalmente el alma de dicho hogar, de la misma forma que el lar y la lumbre son el corazón de la casa. En consecuencia, la bruja de la casa y su trabajo pueden ejercer una influencia significativa sobre su familia y su comunidad más extensa, porque interactúan dentro de su esfera. La energía que mantienes en tu hogar también les afecta a ellos, tanto como la energía que traen a tu hogar espiritual contribuirá a alimentarlo.

La brujería del hogar presupone una cierta conexión con la comunidad. Este término en ocasiones puede resultar confuso porque a menudo se asocia con un conjunto de personas que reside en una zona. Sin embargo, puede comprender cualquier grupo que se haya reunido en pos de un objetivo similar.

La sangre no es lo único que establece un lazo estrecho. A veces se emplea la palabra *parientes* para describir a aquellos que son miembros de tu unidad familiar de sangre, pero también se dice que una cosa está *emparentada* con otra para indicar que ambas son similares. Las personas que tienen unos intereses o una filosofía de vida similar a la tuya, con las que puedes tener una chispa de conexión y a las que invitas a tu casa, también constituyen una especie de comunidad. Es posible que tengas amigos íntimos que ocupan un lugar especial en tu corazón. Son personas que piensan como tú, que te apoyan y te aman. En esencia son tu familia, aunque no exista entre ellos y tú ningún vínculo de sangre ni legal.

La *familia elegida* es el término que se utiliza a menudo para describir este círculo. Es un ejemplo de una comunidad muy cercana que se identifica de algún modo con tus prácticas de brujería del hogar, tanto si conoce tu enfoque espiritual como si no. Cuidar a esa comunidad de forma emocional y física –la llamada telefónica de apoyo, la taza de té, la cazuela en épocas de estrés– es otra de las formas en las que se expresa la brujería del hogar. Atender a la familia y a la comunidad para fomentar un entorno que sustente un crecimiento y un desarrollo sanos en todos los niveles es una de las tantas cosas que hace una bruja de la casa.

El camino de la crianza y la alimentación

La práctica de la brujería del hogar está enraizada en los caminos paralelos de la crianza y la alimentación. ¿Qué es lo que significan estas palabras? Criar es alimentar y estimular el desarrollo (de un niño). El sustantivo crianza quiere decir educación, instrucción, alimentación y, también, la urbanidad y cortesía que determinan la personalidad. Alimentar, por su parte, es proporcionar los alimentos necesarios para el crecimiento y la salud, y también mantener y fomentar en la mente un deseo o una creencia durante mucho tiempo.

Estas dos definiciones describen en gran medida y en pocas palabras lo que implica la brujería del hogar: proporcionar el sostén tanto físico como medioambiental para crecer, desarrollarse y gozar de buena salud. El objetivo de este tipo de brujería es alimentar y criar en un nivel espiritual y también físico. Vamos a analizar por qué son tan importantes los fundamentos del cuidado de una persona.

El poder de las necesidades básicas

La comida y el cobijo son dos de las cosas más básicas que un individuo necesita para vivir bien, y ambas están reflejadas en los conceptos del lar y del hogar: calor, protección y alimento. Si las comparamos con otros objetivos más elevados, podrían parecer insignificantes, pero lo cierto es que, si deseas investigar el potencial más elevado de tu vida y de tu espíritu, necesitas tenerlas cubiertas.

Así lo demuestra la jerarquía de Abraham Maslow. Está formada por una cadena de necesidades, cada una de las cuales se basa en la anterior. En ella queda patente que las exigencias físicas fundamentales –como la comida, el cobijo y la protección– son unos requisitos básicos que deben atenderse para crear la seguridad y la energía que necesitamos para aspirar a otros más elevados como conseguir un entorno estéticamente agradable o intentar comprender el yo dentro de la comunidad. Esta teoría no es algo absoluto, pero sí proporciona una explicación útil de por qué la humanidad se centra en el concepto del hogar y por qué este parece estar tan arraigado en nuestras culturas y en nuestra psique.

Suele representarse como una pirámide con las necesidades básicas o inferiores en la base y las más elevadas en la cúspide:

1. Necesidades físicas básicas como la comida y el cobijo.
2. Necesidades de seguridad, como protección frente a los elementos y sensación de seguridad ante lo desconocido.
3. Necesidad de amor y aceptación, tanto dentro de una unidad social pequeña como de la comunidad más amplia.
4. Necesidades de autoestima o confirmación de la sensación de aceptación en la comunidad, de las que nace el sentido de valía personal.
5. Necesidad de comprensión, también en este caso por parte de la comunidad en la que actuamos.
6. Necesidades estéticas, o capacidad para manipular el entorno tal y como deseemos para reflejar belleza o algún otro valor.
7. Necesidad de autorrealización, que puede interpretarse como mejorarse a uno mismo y sentirse recompensado o satisfecho con la vida y también como tener el impulso de esforzarse por conseguir más.
8. Trascendencia y experiencia máxima, la culminación del proceso de autorrealización y el escape espiritual último del mundo material: la ausencia de necesidad.

La brujería del hogar tiende a centrarse en asegurar y cubrir las básicas. Esto no es ni mucho menos un enfoque simplista ni primitivo: para sobrevivir es absolutamente necesario tener cubiertas al menos las dos primeras, de alimento y protección. Está enraizada en estas necesidades primarias, lo que la convierte en un camino necesario y sumamente respetable. Si no tienes aseguradas estas necesidades básicas, no puedes ponerte a explorar otros caminos más elevados ni a buscar otros más difíciles. Al final, los temas en los que se centra la brujería del hogar son fundamentales, en algún sentido o forma, para todas las personas.

Aun sabiéndolo, resulta difícil creer que haya gente que desprecia a todo aquel que se esfuerza por mantener un hogar seguro y feliz porque considera que se está perdiendo algo o limitándose en un sentido o en otro. Despreciar y no dar importancia a los hombres o mujeres que han elegido seguir un camino centrado en su hogar considerándolos ciudadanos de segunda, por ejemplo, resulta vergonzoso cuando analizamos las costumbres e historias que describen a la mujer como la reina de su hogar, que gestiona, ordena y se asegura de que la familia tiene una base segura, cálida, acogedora y bien orientada desde la que operar, lo que aumenta su probabilidad de alcanzar el éxito en el camino que cada uno haya elegido. Una vez consideradas y cubiertas tus necesidades básicas, puedes centrar tu energía en otras más elevadas y espirituales como la autorrealización y la trascendencia.

Practicar la brujería del hogar es un método excelente de asegurar la confianza y la autoestima respondiendo a las necesidades básicas. Cuanto más control tengas sobre la energía y el funcionamiento del entorno de tu hogar, más probabilidades habrá de que tu familia y tú estéis relajados y felices. Cuando estás relajada, existen menos obstáculos que puedan desviar la energía de renovación de la vida e impedirle fluir por la tuya. El estrés, la ansiedad y el miedo suelen enredarla y desviarla. Mantener un hogar acogedor, sereno y feliz aumenta tus posibilidades de crear una vida de éxito que descanse en los firmes cimientos construidos en el lar, el corazón espiritual de la casa.

Brujería de cocina

Hay muchas otras tradiciones que incluyen un elemento de brujería del hogar, pero probablemente la más conocida sea la brujería de cocina. Como ya he mencionado, los dos caminos se diferencian en que el de la bruja de la casa hace hincapié en el elemento espiritual mientras que el de la bruja de cocina se centra más en la magia.

Una bruja de cocina es alguien que practica la magia cocinando, horneando y realizando cualquier otra actividad basada en la cocina. Patricia Telesco, posiblemente la bruja de cocina más visible, afirma en su libro *A Kitchen Witch's Cookbook*: «Como todos tenemos que preparar la comida en un momento u otro, ¿por qué no aprovechar de la mejor manera posible ese tiempo que pasamos en la cocina?».

La bruja de cocina como figura de buena suerte

La bruja de cocina es también conocida por el uso que se hace de su figura como icono de ese recinto o como talismán de buena suerte. Con independencia del camino espiritual que siga la familia, en muchos hogares está presente una muñequita que representa una bruja, por lo general montada en una escoba y colgada en algún lugar de la cocina. Se dice que este pequeño talismán hace que cocinemos bien y trae buena suerte a los residentes y visitantes de la cocina. De una forma más precisa, se dice que protege contra los desastres culinarios. La cultura popular alemana afirma que evita concretamente que las masas no suban, que la leche se corte y que las tartas se caigan. Estas muñequitas están hechas de muchos materiales distintos. Algunas son de hojas de maíz, otras tienen una manzana seca como cabeza y otras están hechas completamente de tela. Las primeras representaciones de estos símbolos de la cocina aparecen en las tradiciones germánicas y escandinavas.

Existen también otras figuras paralelas a estas muñequitas. Como costumbre de la época de la recolección, algunas comunidades europeas solían atar la última gavilla de trigo y guardarla todo el invierno para que les diera buena suerte y protección. En ocasiones se envolvía en una tela o se vestía y adornaba de algún modo. Otras comunidades tejían las primeras o las últimas espigas que se segaban en la cosecha para crear formas diversas, como figuras geométricas o animales, y de distintos tamaños. Estas figurillas se llaman también muñecas de trigo, aunque no tengan forma humana, lo que provoca bastante confusión*. Este tipo de costumbres surgió de la creencia de que las primeras o las últimas espigas de trigo que se cortaban contenían el espíritu de la cosecha. Manteniendo la figurita en un lugar de honor y bien segura durante todo el invierno, los agricultores estaban protegiendo el éxito de la cosecha del año siguiente. Era habitual depositarla en los campos cuando se araban en primavera para prepararlos para la siembra o quemarla después de la recolección como ofrenda a las deidades de las cosechas. En ocasiones, la gavilla se conocía con los nombres de reina de la cosecha, madre del trigo o doncella del trigo, y las espigas se tejían formando figuras muy diversas, según las distintas tradiciones locales. Este arte se sigue practicando hoy en día. Se crean formas y diseños abstractos y también figuras y objetos religiosos.

Si te apetece fabricar tu propia representación protectora de la bruja de la cocina, en el capítulo 10 encontrarás las instrucciones para hacer una muñeca de hojas de maíz. Puedes crear una nueva cada año después de haber quemado o desecho la anterior para mezclarla con el compost o el abono para la tierra. Es una tradición muy bonita para incorporarla a las festividades del equinoccio de otoño o a cualquiera de las celebraciones de la cosecha que podemos encontrar en muchos calendarios religiosos. También puede unirse a un ritual de purificación en el que deshacer la muñeca vieja simboliza la limpieza de la negatividad acumulada o la energía estancada mientras que la elaboración de la nueva, por su parte, representa un nuevo comienzo.

---

* El término *dolly* se cree que deriva de la palabra ídolo.

CAPÍTULO 2

Tu hogar como espacio sagrado

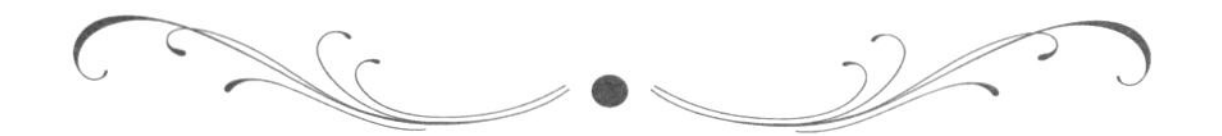

ES IMPORTANTE RECORDAR QUE, en la brujería del hogar, las zonas, acciones y momentos que consideras sagrados no están aislados del mundo cotidiano. Son una parte consustancial de él y deben su santidad a las cosas y personas que interactúan con ellos. En otras palabras, *somos bendecidos cuando interactuamos con aquello que consideramos sagrado*. Este es uno de los preceptos más importantes de la espiritualidad basada en el hogar: al cuidar y mantener tu casa, estás realzando al mismo tiempo su santidad mientras esta te toca a ti y te bendice.

¿Qué significa ser sagrado?

El concepto fundamental de la espiritualidad basada en el hogar propone la idea de que el hogar es sagrado. Sin embargo, ¿qué es lo que significa realmente esta palabra? *Sacer*, la raíz latina del término, significa 'santo'. El *Diccionario de la Real Academia* define sagrado como «Digno de veneración por su carácter divino o por estar relacionado con la Divinidad». Otras de sus acepciones son: «Que es objeto de culto por su relación con fuerzas sobrenaturales;

perteneciente o relativo al culto divino». Dicho de una forma más sencilla, significa que, si algo se considera sagrado, se le reconoce como tocado de alguna forma por el plano de los dioses y, por tanto, merecedor de respeto u honor. Teóricamente, ya no forma parte de este mundo, está apartado y es reverenciado u honrado por esta razón. Observa que «apartado» no significa aislado y adorado sino, más bien, honrado dentro del contexto del mundo cotidiano.

El espacio sagrado es, por tanto, una zona en la que puedes ponerte en contacto con la Divinidad, comunicarte con ella, interactuar o dejarte influir de una forma más clara (o más fácilmente percibida o sentida) que en otros lugares. Por lo general reconocemos como sagrados unos sitios determinados: allí donde se ha producido una grave tragedia, como Auschwitz; lugares de gran belleza; edificios consagrados a una religión concreta, como la catedral de Chartres o el Taj Mahal; emplazamientos con significado histórico, como aquellos en los que se firmó un tratado de paz, se libró alguna batalla o se reunieron grandes personajes; lugares de conmemoración, como los cementerios y los panteones, y aquellos en los que hubo actividad en la Antigüedad, como Stonehenge. Parte del misterio de un espacio sagrado es que, aunque nos resulta conocido, podemos percibir que tiene algo «diferente». Esta tensión es parte de lo que reconocemos cuando sentimos que un lugar o un objeto son sagrados.

Consagrar algo significa designarlo ritualmente como sagrado. Aunque esta acción forma parte de muchos caminos espirituales alternativos y también de las religiones formales, no está muy presente en la brujería del hogar, en gran medida porque esta reconoce que todas las cosas tienen un toque sagrado y que el hogar lo es especialmente por su misma función. No hay necesidad de consagrarlo formalmente porque ya es sagrado.

La santidad del hogar

Proteges tu casa, la defiendes de intrusos indeseados, tanto físicos como de cualquier otro tipo. Inviertes grandes cantidades de dinero en ella, tanto si estás de alquiler como si es tuya. La decoras de una forma que te resulte tranquilizadora, que te anime o que te refleje de alguna manera. Invitar a alguien a casa constituye una gran concesión. Es una forma de decir: «Confío en ti». Confías en que los huéspedes se comporten correctamente, sean considerados y aprecien tu espacio personal.

Respetar el hogar

La cultura japonesa demuestra lo mucho que respeta la santidad del hogar al hacer que la gente se quite los zapatos antes de entrar. Es una muestra de respeto hacia el anfitrión porque evita estropear aquello que cubre el suelo (por lo general, un *tatami*, un tejido de fibra vegetal similar a la paja que resulta muy fácil de dañar con el calzado) y también meter tierra en la casa. Simbólicamente, quitarse los zapatos representa también dejar fuera las preocupaciones y los problemas.

Para definir el espacio que separa el mundo exterior del espacio privado del hogar existe una entrada conocida como *genkan*. Es allí donde uno se quita el calzado y lo guarda en un armario o en una estantería dividida en una serie de casillas denominadas *getabako*. El *genkan* funciona como una barrera entre el espacio sagrado del hogar privado y el descontrolado mundo exterior. Para acceder a la zona de vivienda se suele subir un escalón, que también actúa como un tipo de límite porque te exige subir físicamente y separarte tanto del mundo exterior como de la zona de transición. Existe todo un protocolo asociado con el *genkan* y la forma en la que la gente se descalza y coloca los zapatos, y también para entrar en la casa. Pero la japonesa no es la única cultura que tiene esta costumbre. En algunas zonas de Corea, China, Indochina y el sureste asiático también se descalzan antes de entrar en los lugares sagrados.

En Japón hay que descalzarse antes de entrar en las capillas, los templos y algunos restaurantes. En muchos hogares se proporcionan zapatillas a los visitantes para que se las pongan después de haberse quitado el calzado de calle. En el cuarto de baño se llevan otras zapatillas diferentes, que no se utilizan fuera de él, lo que demuestra aún más cómo se intentan separar lo más posible las distintas energías del hogar.

La costumbre de quitarse el sombrero antes de entrar en una casa se asocia también con el respeto. En la cultura occidental se hace para demostrarlo hacia una persona, un lugar o una acción o para reflejar el reconocimiento de una posición social más humilde. Los hombres se lo quitan en las iglesias cristianas para mostrar sumisión ante Dios; sin embargo, algunas sectas exigen que las mujeres se cubran la cabeza antes de entrar en la iglesia. Por lo general, el sombrero se lleva en la calle, por lo que mantenerlo en el interior supone un gesto de mala educación y una falta de respeto por la santidad del lugar. El judaísmo, por el contrario, ordena que sus fieles deben cubrirse siempre la cabeza cuando entren en un templo. Por lo general lo hacen con una gorra sin ala llamada *kippah* o *yarmulke*.

Espacios sagrados

El hogar se considera un lugar sagrado, separado del mundo exterior. Dentro de él existen otras zonas de espacio sagrado. Una de ellas es el lar, con el sentido de lugar donde se enciende la lumbre para cocinar, y es en la que se centra este libro. Los espacios sagrados se reconocen por la deferencia que les mostramos y por la defensa que hacemos de ellos. Para nosotras son sagrados. Algunos son también reconocidos como tales por otras personas: la colección de retratos de familia en un estante, por ejemplo, o una colección de estatuas. Las cosas sagradas tienen un aura especial. Nos sentimos atraídas hacia ellas y comprendemos de forma innata que no debemos tocarlas ni interferir con ellas. Esta aura puede originarse en el propio objeto, que quizá te atrajo para que lo compraras, o haber sido instilada en él cuando lo designaste como sagrado. La primera posibilidad puede proceder de asociaciones previas del objeto o de su origen.

Existen espacios sagrados reconocidos como tales de forma casi universal y otros que son exclusivamente sagrados para ti o para un pequeño grupo de individuos. Algo puede ser especial para ti pero no para nadie más, y no pasa nada. Un espacio o un objeto no tienen por qué ser confirmados como sagrados por nadie para que tengan poder para ti. Y, aunque tú no percibas la santidad de un lugar o de un objeto que otra persona considera sagrado, siempre es de buena educación respetar la percepción de santidad de los demás.

El lar sagrado

El lar simboliza el espacio sagrado en el que puedes ser tú misma, en el que estás segura, en el que puedes abrirte. Es un manantial, un lugar en el que las personas se recargan, donde acuden en busca de consuelo en el nivel más básico. Allí puedes acceder a la energía, la sabiduría y el poder más fácilmente que en ningún otro punto de la casa… o de fuera de ella, en realidad. Puedes explorar tus pensamientos y tus sentimientos, es un punto de comunión con la familia y con la Divinidad, un lugar en el que diriges esa energía, esa sabiduría y ese poder hacia un bien mayor, tanto para la familia como para la comunidad. Es un sitio de poder.

Cuando hablamos del lar solemos evocar una vaga idea de un símbolo de lumbre de algún tipo. Las personas que tienen chimenea o saben algo de historia podrán identificarlo concretamente como parte de esta. Como este término es fundamental en este libro, vamos a dedicar unos momentos a analizar sus distintas definiciones.

Suele describirse como el espacio recubierto de ladrillos o de piedra que está situado en la base de la chimenea, donde se puede encender el fuego y se prepara la comida; como la zona recubierta de piedra o de ladrillo, embaldosada o protegida de alguna otra forma, que está delante o alrededor de una chimenea y se prolonga hacia la habitación; como la zona lisa y pavimentada en donde reposa la cocina (sobre todo si es una cocina de hierro alimentada con leña) y el hogar figurativo construido alrededor de esa lumbre como centro simbólico.

Aquí tienes un dato interesante. El término foco deriva del latín *focus* (plural, *foci*), que significa 'hogar, chimenea; fuego, llama; centro o punto central'. Qué apropiado resulta, entonces, que el lar se considere el foco de la espiritualidad que tiene su base en el hogar.

Como extensión de la chimenea, el lar es un lugar natural en el que reunirse. Antiguamente, las tareas se realizaban junto a él, en ocasiones por necesidad, si el fuego formaba parte de ellas, o por la luz, el calor y la comodidad que ofrecía. La fabricación de jabones y de velas y el teñido de los materiales, por ejemplo, son trabajos que requieren calor y agua cuando se hacen a mano. Cuidar de los pequeños, de los ancianos o de los enfermos era algo que también se hacía cerca de la lumbre por la luz y el calor que despedía. En la mayoría de las casas, el lar ocupaba el centro del espacio, lo que lo convertía en un lugar de reunión natural por motivos sociales además de prácticos. Las lecciones también se daban junto a él. En resumen, ha sido siempre una zona muy activa de la cocina y del hogar en general.

El fuego del lar

El hogar se reconoce como algo sagrado, apartado del mundo exterior. Dentro de él existe otra zona aún más sagrada: el lar, el fuego central de un hogar. Básicamente, cuando la chimenea funciona como centro simbólico de un hogar, ejemplifica el concepto del lar como fuego sagrado.

El fuego es, para muchas culturas, un elemento sagrado. Recuerda que la definición de *sagrado* es algo que se reconozca como tocado de alguna manera por el ámbito de los dioses y, por tanto, merecedor de respeto u honor. Por tanto, considerar la lumbre del lar como algo sagrado significa que es un lugar en el que el mundo espiritual se cruza con el cotidiano, un lugar u objeto a través del cual puede producirse la comunicación.

¿Por qué se considera sagrado? El fuego es un símbolo de vitalidad porque «vive», «come» y «respira». Al arder, simboliza la chispa de vida que nos anima. Es uno de los cuatro elementos físicos que en la Antigüedad se consideraba que constituían el mundo. Se reconoce como más vivo que los otros tres por su naturaleza: parece tener mente propia, come, duerme, muere. La humanidad debe respetar tanto sus propiedades útiles como las destructivas: destruye indiscriminadamente, con una rabia y una furia primigenia que no podemos controlar, solo intentarlo. Sin embargo, muchas veces esta destrucción purifica en preparación del renacimiento y de las nuevas creaciones.

Tiene un papel muy importante en la religión. El símbolo de la llama eterna es un concepto común a varias creencias. También se ha usado para simbolizar la presencia de la Divinidad. En el cristianismo, por ejemplo, Dios se manifestó como un arbusto ardiente; la santidad de la llama quedó demostrada por el hecho de que no consumía el arbusto. El fuego es también una forma de hacer ofrendas y un método de adivinación.

Es un símbolo de la energía espiritual, igual que el sol, y de hecho comparte muchas características y energías con la luminaria solar. Como símbolo espiritual, ilumina la oscuridad personal, emocional y espiritual. Quizá por eso tantas religiones utilizan velas y lámparas de aceite como parte de sus utensilios y accesorios. Las velas se emplean frecuentemente para simbolizar todo tipo de energía, actividad, iluminación y fe, entre otras cosas.

El papel del fuego del lar en el hogar

Antiguamente, el fuego desempeñaba un papel muy importante en una casa. Era una fuente de luz y calor y servía para cocinar los alimentos. Encenderlo era una tarea que consumía mucho tiempo, y por eso por las noches se tapaba para mantener encendidas las ascuas que servirían a la mañana siguiente para volver a prenderlo. El fuego de la cocina era tan fundamental para la vida cotidiana que dejar que se apagara demostraba falta de preparación. La previsión consciente y tener en todo momento un suministro básico de combustible eran unas tareas sagradas para mantener la casa en orden y buen funcionamiento. La ausencia de fuego, ya fuera por negligencia o por cualquier otro motivo, significaba falta de calor, de un medio para cocinar una comida alimenticia, de protección y de muchas otras cosas.

En Irlanda, la única vez que se permitía a propósito que el fuego del hogar se exinguiera era en Beltaine, la festividad que los caminos espirituales modernos sitúan a principios de mayo. El rey o los druidas prendían una hoguera principal en Tara, el centro espiritual de Irlanda, y con ella se volvían a encender simbólicamente todos los fuegos de las casas. Esta práctica demostraba la unidad de todo el reino y reconocía el poder espiritual del monarca o de los druidas.

El combustible para el fuego es tan importante como este. El aceite en concreto se emplea para muchas llamas espiritualmente simbólicas. Fue (y está volviendo a ser otra vez) un producto básico muy apreciado. Por lo general se extrae de las plantas y era tan valioso que se daba en ofrenda a las deidades y se regalaba a las iglesias y los templos. Puedes hacer una ofrenda similar entregando regularmente un dedal de aceite a los espíritus de tu hogar en las fechas que elijas. En los capítulos 3 y 6 encontrarás otras ideas para incorporar una lámpara de aceite a tu práctica espiritual.

Cómo construir una hoguera purificadora

El fuego sagrado se manifiesta también en las hogueras purificadoras. Existía la costumbre de encenderlas con un fin espiritual concreto, que dependía de cada cultura. Algunas tenían que prenderse por fricción (frotando dos palos o algo por el estilo), otras exigían un determinado número de personas, una combinación concreta de maderas o que se encendieran a una hora específica. A menudo tenía que ser el único fuego que hubiera a una distancia determinada. Si ardía alguna otra llama dentro de estos límites, el poder de la hoguera dejaba de ser eficaz. A veces servía como fuente con la que se volvían a encender todos los fuegos domésticos que previamente se habían apagado o para producir una humareda a través de la cual se hacía pasar a las vacas o a otros animales para protegerlos contra las enfermedades. La práctica de construir y prender hogueras subraya la creencia popular de la capacidad del fuego para purificar o bendecir, una extensión de su santidad inherente.

Cómo hacer una hoguera purificadora en un caldero

No todo el mundo tiene el terreno ni el combustible (o no puede conseguir el permiso necesario) para hacer una hoguera al aire libre. Como la mayoría de los hogares modernos no tienen chimenea y en muchas ciudades y pueblos existen normas sobre los fuegos en los jardines (si lo tienes), esta es una forma excelente de hacer un fuego sagrado pequeño para un momento concreto.

Asegúrate de que el caldero, o el recipiente que vayas a utilizar como tal, tienen resistencia suficiente para soportar el calor intenso. Si no son de hierro fundido o de un material diseñado para aguantarlo, no los emplees para esta tarea. El calor hace estallar materiales como la cerámica y el vidrio. Si tienes chimenea, puedes meter el caldero dentro de ella y encender el fuego purificador. De lo contrario, coloca unas trébedes, una esterilla resistente al calor o una piedra debajo de él y asegúrate de que asienta bien. No lo pongas nunca sobre una superficie de madera o cubierta de tela.

Aunque en la siguiente lista de elementos necesarios está presente el alcohol para friegas porque es barato y se encuentra fácilmente, puedes sustituirlo por cualquier otro de mucha graduación que vendan en las licorerías, como el etanol (alcohol de cereal), o un licor como el vodka o el brandy. Son unas ofrendas muy bellas para una deidad o un espíritu. Recuerda que, cuanto mayor sea el porcentaje de alcohol del licor, más caliente será el fuego, así que planifica bien tus actos. Asegúrate de que la habitación está ventilada. Aunque este fuego no produce ningún gas ni humo tóxico, se calienta muchísimo.

Vas a necesitar:

- Sales de Epsom
- Alcohol para friegas
- Una mezcla de hierbas o resinas (a tu elección)
- Unas trébedes, una esterilla resistente al calor o una piedra plana
- Una cerilla larga
- Un saco grande de arena o de tierra
- Una tapa para el caldero (asegúrate de que sea pesada)
- Extintor (de CO_2 o de polvo químico)

1. Mide partes iguales de sales de Epsom y alcohol. Coloca las sales en el fondo del caldero y vierte el alcohol sobre ellas.
2. Introduce la mezcla de hierbas en el caldero y colócalo sobre las trébedes o la piedra.
3. Enciende la cerilla larga y acércala a la mezcla. Al momento se formarán unas llamas casi silenciosas cuyas puntas saltarán por encima del caldero. Arderán hasta que se consuma todo el alcohol. Durante todo ese tiempo, pero sobre todo cuando las llamas empiecen a apagarse, oirás chasquiditos y pequeños chisporroteos. Están producidos por la sal, que se rompe con el calor, y por las hierbas y resinas al ser consumidas por las llamas.
4. ¡Ni se te ocurra añadir más alcohol mientras esté ardiendo! Asegúrate de que la proporción entre alcohol y sal es a partes iguales hasta que sepas muy bien cómo manejar el fuego. Solo, y solo entonces, podrás cambiarlas. Nunca viertas una cantidad grande de alcohol sobre las sales porque produciría

unas llamas muy altas que podrían provocar grandes daños a ti o a tu casa. No te arriesgues y usa el sentido común.

5. El fuego se apagará a los pocos minutos, pero ten a mano la arena, la tapa y el extintor por si acaso los necesitaras para apagarlo.

Debo insistir mucho en lo peligrosa que puede resultar esta actividad si no la abordas con respeto y sentido común. Los tres últimos elementos de la lista están ahí por un motivo: la tapa pesada es para sofocar las llamas si se te van de las manos, y el saco de arena o de tierra, para echarlo por encima de ellas si tienes que apagarlo rápidamente. El extintor es un elemento de seguridad más. No saltes sobre el fuego ni lo dejes desatendido. Vigila también tus mangas y tu pelo y asegúrate de colocar el caldero lejos de cualquier elemento inflamable como las cortinas.

Las sales de Epsom empapan parte del alcohol y hacen que el fuego arda de una forma más estable. Las llamas consumirán las hierbas y resinas que hayas añadido al caldero, lo que convierte este fuego en una forma muy bonita de hacer una ofrenda o de purificar una habitación. Es también un método estupendo para la adivinación (es decir, para percibir contemplando algo fijamente) o para meditar observando las llamas. El fuego se acaba apagando al cabo de unos minutos, dependiendo de la cantidad de alcohol que haya en el caldero.

Nota: En lugar de añadir las hierbas directamente sobre la sal, puedes sumergirlas en el alcohol que vayas a utilizar. Déjalas macerando al menos dos semanas y luego cuela y embotella el líquido. Etiquétalo claramente y no lo uses con ningún otro propósito.

Sofocar o tapar el fuego

En las oraciones celtas aparece a menudo el término sofocar, que significa tapar un fuego. En esta era moderna, hasta la frase «tapar un fuego» puede resultar misteriosa. A partir del contexto en el que suele encontrarse, se puede deducir que es algo que se hace para conservar de alguna forma un fuego de manera que a la mañana siguiente pueda reavivarse. Es así de sencillo. Tapar un fuego significa literalmente rodear las ascuas con una pared protectora de cenizas o piedras para evitar que se extienda peligrosamente mientras estás durmiendo y para protegerlo de corrientes y cualquier otra cosa que pueda perturbarlo. Si cubres las ascuas de este modo, podrás usarlas como base para encender un fuego nuevo al día siguiente. Si está al aire libre y quieres usarlo más de un día, puedes encenderlo junto a una piedra o una pared de tierra para protegerlo. Así es básicamente como se diseñan los fuegos de campamento.

No hay que cubrir totalmente las ascuas porque las sofocarías y obtendrías el resultado contrario al que pretendes. Junta los carbones y las brasas y luego amontona las cenizas a su alrededor para aislarlos. Si necesitas que queden más aislados, utiliza piedras. Si lo haces en una chimenea, cierra el tiro y las puertas contra incendios, si las tienes.

Como la mayor parte de la gente utiliza la electricidad como fuente de luz y calor, tapar un fuego es una habilidad y una práctica que, por lo general, han quedado en desuso. Sin embargo, en un contexto espiritual suponen una oportunidad para recogerte dentro de ti, por así decirlo, para recuperar tu energía de todas las direcciones en las que el día la ha esparcido. Básicamente es un momento de reconexión personal con el yo. Puedes imaginar que estás tapando tu llama personal, si te apetece, cuidándola para que esté protegida y resguardada durante la noche y lista para ser usada al día siguiente.

Tapa tu llama interior

Hazlo después de terminar de recoger y justo antes de acostarte. Puedes probar a hacerlo antes y después de prepararte para irte a la cama. Es posible que una de las dos formas te resulte más útil y te funcione mejor. El objetivo es evaluar el día sin juzgarlo. Puedes hacerlo en la cocina o en cualquier otro sitio de la casa. Si hace buen tiempo, quizá te apetezca hacerlo al aire libre, en el porche o en la escalera.

1. Quédate de pie o siéntate con el cuerpo relajado. Si conoces algún ejercicio de relajación, hazlo para liberarte de cualquier exceso de estrés o tensión que tengas.
2. Rememora cómo te sentías cuando te despertaste y luego repasa las actividades que has hecho a lo largo del día. Toma nota de cómo te hicieron sentirte: contenta, enfadada, frustrada, triste o tranquila. Recuerda que este repaso no se hace con la intención de juzgar cómo te comportaste sino simplemente para aceptar el día tal y como fue y a ti tal y como eres. No tiene por qué ser un paso largo. No hace falta que pienses detalladamente en todo lo sucedido. Evócalo como impresiones.
3. Cuando hayas terminado de repasar el día, cierra los ojos y respira lento y hondo tres veces. Con cada exhalación, deja que cualquier miedo, preocupación o sensación de irritación conectados en el día fluyan y salgan de ti.
4. Siéntete aquí, ahora, en este momento, y acéptate. Si quieres, puedes pronunciar una oración breve o una frase simple como *Me acepto a mí misma. Cuidad de mí mientras duermo, espíritus del hogar, y guardad a mis seres queridos y a nuestro hogar. Os deseo que paséis una buena noche.*
5. Como acto final, haz algo físico y simbólico para terminar el día. Puedes apagar la luz (ya sea la de la cocina o la del sitio en el que estés) o cerrar la puerta si has estado fuera o de pie

junto a ella. Si has estado sentada con una vela utilizando la llama como foco para meditar y tranquilizarte, apágala soplándola o espabilándola, ya sea con la mano o con unas despabiladeras.

Si quieres, en lugar de la frase anterior puedes recitar una oración. Quizá ya tengas alguna que encaje en este propósito o te apetezca escribir una nueva. Rezar algo que te ofrezca la oportunidad de conectarte con la Divinidad o con los espíritus de tu hogar reafirma tu conexión con ella o con ellos.

Esta es una oración tradicional para tapar un fuego que se utiliza en las Highlands escocesas, tal y como recoge Alexander Carmichael en su libro *Carmina Gadelica.* Invoca tanto a María como a Brigid (a la que aquí se denomina Bride, una versión escocesa del nombre) como deidades de la vida doméstica para que bendigan la casa y a sus habitantes. Si quieres, puedes sustituirlas por otras deidades o sencillamente usar el término «la Divinidad» para que refleje tu concepto de Dios. La plegaria original es esta:

Taparé el fuego del hogar
tal y como lo haría María;
la unión de Bride y María
sobre el fuego y sobre el suelo
y sobre toda la casa.
¿Quién está ahí fuera, en el prado?
María, la más hermosa, y su Hijo,
la boca de Dios ordenó, el ángel del Señor habló;
los ángeles de la promesa cuidan del hogar
hasta que lleguen al fuego las claras del día.

CAPÍTULO 3

Tu lar espiritual

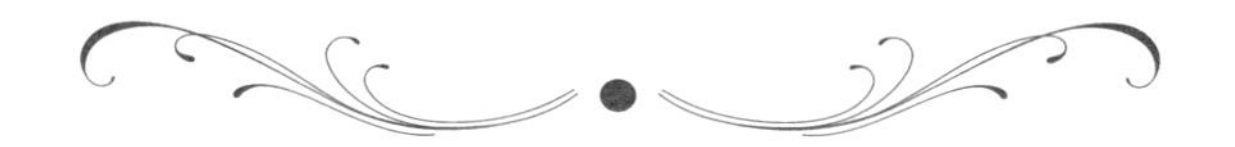

LA BRUJERÍA DEL HOGAR RECONOCE que tu hogar es un lugar sagrado que tiene poder para renovarte, relajarte y rejuvenecerte. ¿Y cómo puedes acceder a este poder de forma intencionada? En este capítulo analizaremos formas de usar, localizar, bendecir y trabajar con tu lar espiritual en tu hogar y en ti misma.

Localiza tu lar espiritual

El lar espiritual representa un refugio frente al mundo exterior y también un lugar sagrado diseñado para maximizar el beneficio espiritual. Designar deliberadamente un lugar hermoso, donde haya serenidad y calma, puede resultar difícil. En primer lugar tendrás que afrontar las limitaciones físicas o los inconvenientes del edificio en el que vivas. También tendrás que tener en cuenta las necesidades y preferencias de las otras personas que viven en tu casa y tu presupuesto. Sacar el máximo partido de lo que tienes es uno de los aspectos prácticos de la brujería del hogar. Es una de las razones principales por las que el lar espiritual gira en torno a la energía y la atmósfera de la casa, dos cosas que pueden cultivarse con la conducta, la disposición y una actitud positiva y sin necesidad de recolocar objetos o redecorar. Aunque está claro que esto último puede realzar tu hogar y el efecto que quieres conseguir, es importante recordar que el lar espiritual actúa en el plano de la energía y el beneficio espiritual.

Es el corazón simbólico de la casa. Aunque podría parecer que la cocina es el equivalente moderno lógico del lar físico, no tiene por qué ser necesariamente el lar espiritual de tu casa. Mucha gente tiene que vivir con cocinas mal estructuradas que dan la impresión de ser ocurrencias tardías del arquitecto. Una cocina atiborrada o poco acogedora es claramente muy poco apropiada para constituir el corazón simbólico de tu casa. Si este es tu caso, piensa en cómo se usan las otras zonas y hacia dónde parecen gravitar las personas. Eso te ayudará a determinar dónde está este corazón simbólico. Es posible que todo el mundo lleve sus distintas actividades al cuarto de estar, al comedor o a la sala. Quizá la curva de una escalera en la que hay una ventana con vistas al jardín es el lugar donde se para la gente. O puede que el centro espiritual de tu casa esté allí donde sientas que estás rodeada por el resto de ella, aun cuando el centro físico esté en un pasillo o en algún otro lugar extraño.

Si no consigues localizar el corazón de tu hogar y no te apetece designar tu cocina como punto simbólico, elige conscientemente alguna otra zona. Si tienes chimenea, será una representación física excelente del lar espiritual, siempre que esté situada en una habitación que se use frecuentemente. No tiene sentido establecer un lar simbólico en una chimenea que no se utilice y que se encuentre en un cuarto en el que la gente evita entrar.

Bendice el lar

Cuando hayas determinado o elegido el corazón de tu hogar y lo hayas designado como el lugar físico que representa el lar espiritual, puedes realizar una purificación y bendición como la que se describe en el capítulo 7 o el ritual para reconocer su santidad que encontrarás en esta misma página.

Si lo deseas, puedes utilizar esta representación física del lar espiritual como centro de tu actividad espiritual. Puedes colocar un altar o una capillita o emplearlo como lugar de meditación y oración. Podrás acceder a él cuando necesites recargarte con su fuerza o energía. También puedes señalarlo de otra forma como, por ejemplo, colgando una obra de arte, poniendo una balda con una lámpara de aceite o de cualquier otra manera que te parezca apropiada para tu casa y para ti. Puedes sencillamente usarlo como lugar desde el cual empezar a limpiar o a recoger (para más información sobre altares y capillitas, véase el capítulo 6).

Ritual para reconocer la santidad del hogar

Como ya he dicho, no hay necesidad de consagrar el lar porque es inherentemente sagrado. De todas formas, a muchas personas les gusta hacer algún tipo de ritual antes de reconocer formalmente una santidad ya existente, y por eso he incluido este ritual. Puedes realizarlo de forma regular, si lo deseas, o cuando sientas que tu hogar se ha llenado de otras energías que quizá no sean negativas pero sí pueden bloquear tu conexión espiritual con él. Como es tu fuente de poder y de energía, mantener despejada vuestra conexión implica que también la energía que fluye de él puede moverse con más libertad.

Los objetos que vas a necesitar son representaciones de los cuatro elementos. No necesitas mucha cantidad de cada uno de ellos, basta con una cucharadita. Puedes ponerlos en cuencos delante de ti sobre el suelo o en una mesa cercana. Debes tenerlos a tu alcance para que no tengas que moverte. La vela puede ser una cualquiera: de emergencia, de té, de cumpleaños pinchada en una bolita de masa o incluso un poco de papel de aluminio arrugado. Elige un color que se identifique con el concepto que tienes del hogar. La mezcla de hierbas y especias puede proceder de tu especiero; coge un pellizco de al menos dos distintas o tantas como te apetezca.

Aunque las instrucciones que se dan son para estar de pie, puedes arrodillarte delante del lar si de esta manera te sientes más cómoda para hacer el ritual.

Vas a necesitar:

- Un cuenquito de sal
- Un cuenquito de agua
- Un cuenquito con una mezcla de hierbas y especias de la cocina
- Cerillas
- Una vela en un candelabro (del color que elijas)
- Un plato resistente al calor
- Un cuenquito de aceite de oliva o vegetal

1. Colócate de pie delante de tu hogar. Cierra los ojos y haz tres respiraciones profundas y purificadoras, inspirando y exhalando lentamente con la intención de tranquilizar tu cuerpo y tu mente. Estate presente en el momento.
2. Abre los ojos y extiende las manos hacia el lar. Di:

   Corazón de mi casa,
   te reconozco.
   Mi espíritu siente tu calor.
   Mi alma percibe tu sabiduría.
   Lar sagrado, te reconozco.

3. Inclínate ante él.
4. Presiona con los dedos sobre la sal del cuenco y di: *Lar sagrado, la tierra de mi casa reconoce tu santidad*. Agítalos para que los granos de sal que se hayan quedado adheridos caigan hacia la zona del lar y sobre él.

5. Sumerge los dedos en el agua y di: *Lar sagrado, el agua de mi casa reconoce tu santidad.* Agítalos para que las gotitas de agua se esparzan sobre la zona del lar.
6. Introduce los dedos en el cuenco de especias y muévelos para extraer el aroma. Di: *Lar sagrado, el aire de mi casa reconoce tu santidad.* Agita la mano sobre el cuenco moviendo el aire perfumado hacia el lar.
7. Enciende la vela con la cerilla. Apaga esta y déjala en el plato resistente al calor. Coge la vela y acércala al lar diciendo: *Lar sagrado, el fuego de mi casa reconoce tu santidad.*
8. Coloca la vela sobre el lar diciendo: *Lar sagrado, honro el fuego sagrado que arde en ti. Te doy las gracias por la sabiduría, el conocimiento y el poder que traes a esta casa. Que tu llama sagrada arda por siempre bendiciendo mi casa.*
9. Moja un dedo en el aceite diciendo: *Lar sagrado, con este aceite te marco como símbolo de nuestro reconocimiento de tu santidad y nuestra gratitud por tus muchos dones y bendiciones.* Con la yema del dedo mojada en el aceite, toca el lar. Como puede ser un lugar simbólico, asegúrate de no mancharlo demasiado. Bastará con que lo roces ligeramente.
10. Inclínate una vez más ante él. Deja la vela encendida si vas a seguir trabajando en la habitación. De lo contrario, apágala.

El lar espiritual que imaginas

Una de las cosas que puedes hacer para desarrollar aún más tu percepción de tu lar espiritual es crear uno en tu imaginación. Esta versión imaginaria no sustituye ni desbanca en ningún sentido la localización física del lar espiritual de tu casa. Considérala más bien como tu versión idealizada, un lugar que puedes visitar mentalmente mientras meditas o dejas vagar tus pensamientos. Un paisaje imaginario como este te ofrece acceso ilimitado a otra representación de tu lar espiritual que puedes llevar contigo allá donde vayas. Es también un lugar donde puedes realizar actividades que no siempre puedes hacer en el mundo del día a día por cualquier motivo (falta de espacio o de privacidad, capacidad física limitada o cualquier otra cosa). Considéralo tu lar espiritual virtual, unido tanto a la representación física de tu lar espiritual como al real que tienes en casa. Puede ser un reflejo mental del espacio físico real que has creado o un lar espiritual idealizado.

Para crear tu lar imaginario:

1. Siéntate en el corazón espiritual de tu casa, delante de la representación física que hayas creado o elegido.
2. Enciende una vela o una lámpara de aceite para representar la llama sagrada de luz y amor que arde en el corazón del lar espiritual.
3. Relaja el cuerpo y cierra los ojos. Respira profunda y lentamente. Visualiza una llama como la que acabas de encender. A continuación, aumenta lentamente tu visualización para ver en qué tipo de superficie está apoyada la llama. ¿Cómo es la luz? ¿Cómo es la habitación o la zona que la rodea? Observa las paredes (si las hay), el suelo, el techo o el cielo. Estas cosas tienden a aparecer de esta forma por un motivo normalmente originado en tu subconsciente. Puedes cambiarlas como desees, pero piensa por qué han aparecido en tu imaginación de esa forma.

Eres libre de diseñar tu lar espiritual virtual como más te apetezca, pero no lo compliques. Recuerda que estás creando un espacio en el que quieres sentirte segura, relajada, serena y todavía conectada con tu casa. El espacio que visualices puede no ser muy distinto de la representación física que has creado, y no pasa absolutamente nada.

Cuando hayas terminado, dedica unos momentos a escribir o dibujar cómo es tu lar espiritual imaginario. Incluye estas notas y bosquejos en tu diario de cocina (véase el capítulo 8). Si lo deseas, puedes hacer una versión del ritual anterior para reconocer también la santidad del lar de tu imaginación. No tienes más que visualizarte realizándolo en él.

Cómo acceder a la energía de tu lar espiritual

Una de las razones para crear y mantener un lar espiritual es el poder y la energía que proporciona a la casa. Es una relación simbiótica: la casa crea energía que alimenta al lar espiritual y este, a su vez, alimenta y da poder a la casa.

Teóricamente estás siempre conectada con él, pero hay ocasiones en las que puede resultar difícil percibir esta conexión, sobre todo cuando estás cansada o estresada. Cuando necesites energía para reponer la tuya o para que te sirva de apoyo, tienes dos opciones: puedes acudir a tu lar espiritual u obtenerla de la tierra. Esta última técnica se conoce como enraizamiento.

Para obtener la energía de la tierra, imagina que la tuya personal despliega un zarcillo de consciencia que desciende por el agua y atraviesa la tierra que se extiende bajo el edificio hasta llegar al centro del planeta. Percibe la intensidad de tu arraigo y de tu conexión con el mundo y con su energía.

También puedes utilizar esta técnica para acceder a la energía de tu lar espiritual. Visualiza un zarcillo de tu consciencia que se alarga hasta él, donde sientas que está. Puedes visualizar el lugar físico de tu casa que hayas designado como tal o una capillita que hayas construido (véase el capítulo 6) o sentir la energía que crea. A través de este zarcillo de consciencia puedes absorber la energía de tu corazón espiritual. Cuando hayas terminado, repliégalo y guárdalo en tu centro de energía.

Si no estás familiarizada con estas técnicas, a continuación se detalla el proceso para obtener energía de tu lar espiritual paso por paso.

1. Visualiza la representación física o virtual de tu lar espiritual. Imagínate de pie ante él.
2. Visualiza una llama encendida sobre el lar: una vela, una lámpara de aceite, un fuego purificador o lo que quieras. Representa el poder espiritual de tu hogar, la energía que tu familia y tú habéis puesto en él y también la que emana del lar.
3. Extiende las manos hacia ella. Imagina que sientes su calor. Es una forma de esa energía espiritual.
4. Siente el calor en tus manos y deja que ascienda por tus brazos y llene todo tu cuerpo. Permite que inunde tu corazón y tu espíritu. Absorbe todo el que necesites.
5. Cuando te sientas llena de energía, equilibrada, relajada o colmada de aquello que querías que te hiciera sentir tu lar espiritual, aparta las manos de la llama y júntalas. De este modo cierras la conexión energética que has establecido con la llama y evitas absorber demasiada energía.
6. Da las gracias a tu lar espiritual con tus propias palabras y deja que la visualización se desvanezca. Abre los ojos y haz unas respiraciones profundas y lentas. Asegúrate de que te sientes de nuevo plenamente en el momento. Estírate con suavidad si lo deseas.

Si prefieres otra visualización alternativa, en lugar de sentir el calor de la llama, visualiza que absorbes la luz que desprende y recibe de ese modo la energía.

También puedes canalizar esta energía hacia objetos o espacios que la necesiten. Visualiza que una mano absorbe la energía del lar espiritual y extiende la otra hacia el objeto o la zona que deseas llenar o fortalecer con ella. Este objeto puede ser físico y pertenecer al mundo real, estar en otro lugar o ser algo intangible, como una situación. Con este método actúas como un conductor: la energía del lar pasa a través de ti para llegar al objetivo.

La energía del caldero y del agua en el lar espiritual

Por lo general, la energía del lar espiritual se define en términos de luz y calor. Es el resultado directo de la conexión primaria que existe entre el fuego sagrado y él. Sin embargo, si no te resulta cómodo trabajar con la energía del fuego, sustituye la visualización de una llama por un caldero de agua fresca imbuido de sanación, bienestar y serenidad. Por ejemplo, en la visualización anterior puedes imaginar que introduces las manos en el caldero de agua para extraer el frescor de la energía o sencillamente que las colocas alrededor del caldero fresco y la absorbes de ese modo (el caldero como símbolo se analiza en el capítulo 4). Experimenta tanto con la visualización del fuego como con la del caldero, aprende cómo reacciona tu energía personal con cada símbolo y con cada tipo de energía y úsalas en distintas situaciones.

Incorpora a tus antepasados

La familia constituye una de tus conexiones con la vida. Es una fuente de fuerza y también algo que proteger y cuidar. Sus miembros, tanto vivos como muertos, aportan a la energía de tu hogar. Reconocer la contribución de los antepasados, ya sean biológicos o espirituales, es una forma de honrar lo que han dado al mundo en el que vives y también de mantener la continuidad de la tradición. Expresarles tu gratitud es una manera de ponerte en contacto con ese espacio sagrado simbolizado por el lar.

Las actividades basadas en el hogar llevan aparejada una infinidad de energía emocional, sobre todo la preparación de los platos favoritos de la familia. Contradice a alguien en la forma de guisar un plato que considere una especialidad familiar y correrás el riesgo de recibir una respuesta agresiva o incluso un ataque en toda regla. La otra persona defenderá sus métodos y, por extensión, a los familiares que se los enseñaron. «Mi madre siempre lo hacía así» es una frase que probablemente dirás muy a menudo en la cocina, ya estés haciendo salsa, preparando unos ñoquis, añadiendo un pellizco de un determinado ingrediente secreto a una sopa o a un estofado, barriendo el suelo después de que se te haya derramado la sal o poniendo a remojo las servilletas de lino tras haberlas usado. En la cocina y alrededor de ella absorbes muchas tradiciones por el simple hecho de estar expuesta a la forma en la que alguna otra persona realiza las tareas, y al reproducir esas técnicas estás básicamente manteniendo algún tipo de tradición.

Muchas culturas honran y veneran a sus antepasados. «Cuando bebas agua, piensa en su fuente» es un dicho chino que refleja el impacto y la presencia que pueden tener en tu vida y en tu práctica espiritual. Sugiere que, al reconocerlos, no estás solo, provienes de algún lugar. Ellos te anclan en el mundo. Básicamente, debes lo que eres y aquello con lo que tienes que trabajar a los que vinieron antes que tú.

Los antepasados son siempre una parte de la energía del lar espiritual. Están vinculados a ese concepto, como familiares y como energías que te guían. Al igual que el lar en sí mismo, son una fuente de inspiración, energía y apoyo, un centro de seguridad y recuperación para ti y para tu familia actual.

No existe ninguna norma estricta que regule cómo debes incorporar a los antepasados a tu práctica espiritual. El simple hecho de recordarlos liga su energía a tu hogar y a tu vida. Honrarlos activamente con palabras o con actos la entreteje todavía más con el manantial energético de tu lar espiritual. Basta con que sepas y comprendas que ejercen influencia en ti y en lo que eres hoy. Si deseas honrarlos de una forma más definida, puedes dedicarles una capillita. No tiene por qué ser nada complicado; puedes limitarte sencillamente a poner cerca del lar espiritual de tu hogar una fotografía de algún pariente que sea importante para ti, un objeto que le perteneciera o una pequeña colección de objetos que asocies con tus antepasados. Los ancestros tampoco se reducen a tus parientes biológicos. Los espirituales son personas que, de un modo u otro, han conformado tu manera de ver el mundo o de vivir y a los que deseas honrar o recordar de alguna manera. Cuando invoques la energía de tu lar espiritual, puedes acudir mentalmente a tus antepasados o hablarles en voz alta para pedirles su apoyo y su bendición.

Aquí tienes un ejemplo de oración para solicitar su orientación o darles las gracias:

Antepasados, gracias por estar aquí conmigo y con mi familia.
Guiadnos todos los días y ayudadnos a tomar las decisiones correctas.
Sed nuestra fuerza y nuestro consuelo
y ayudadnos a proteger este hogar.
Gracias por vuestras vidas y vuestros logros.
Antepasados, os damos las gracias.

Cuando hayas terminado de recitar la oración, puedes dedicarles una ofrenda. Es una señal de respeto, no necesariamente de veneración, y puede ser cualquier cosa que te parezca apropiada. En muchas religiones neopaganas, para honrarlos se les ofrece una pequeña porción de algo que a algún antepasado concreto le gustara cuando estaba vivo; algo como un dedal de té, de vino o de la comida que estés preparando sería ideal.

Si no sabes gran cosa acerca de tus antepasados, prueba a preguntar a tus parientes vivos por sus padres o sus abuelos. Quizá conozcan historias que revelen detalles de su personalidad o de sus actividades. La investigación genealógica es otro camino que puedes seguir si estás especialmente interesada en su energía. Aprende todo lo que puedas acerca de ellos, tanto en términos biológicos como espirituales. Deja que sean una fuente de inspiración para ti.

CAPÍTULO 4

La magia del caldero

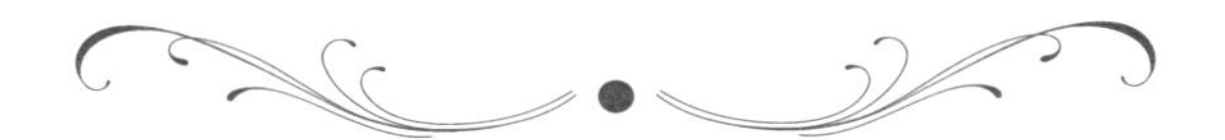

EL CALDERO ES UN SÍMBOLO que está presente en muchas culturas y cuentos populares. Está estrechamente relacionado con el lar y, junto con el fuego sagrado, actúa como símbolo central de la práctica de la brujería del hogar y es una imagen focal de la espiritualidad de la bruja en casa.

¿Qué es un caldero?

La palabra *caldero* procede del latín *caldarium*, que significa 'baño caliente', o de *caldaria*, 'olla'. Es esencialmente un recipiente metálico grande que se emplea para cocinar sobre la lumbre. Fue (y sigue siendo, en muchos países) un utensilio esencial para hacer la comida junto al fuego. Se usó de manera habitual durante siglos y hasta épocas muy recientes. Muchas veces se colocaba sobre unas trébedes o se fabricaba con patas para ponerlo en las brasas o cerca de ellas, dependiendo de lo que fuera a cocerse. También se empleaba a menudo un asa o una cadena para colgarlo de un gancho en la chimenea por encima de la lumbre.

Al igual que los pozos, los calderos son conexiones con el Otro Mundo y representan un lugar de misticismo, a los muertos, la iluminación y el plano de la Divinidad del que proceden la inspiración y la sanación divina. También pueden verse como un símbolo de iniciación en el que se experimentan la muerte y el renacimiento simbólicos. Suelen considerarse un símbolo femenino, al igual que la mayoría de las tazas o platos con forma de cuenco. También se asocian con el elemento agua.

En su aspecto más básico, el caldero se asocia con la magia cotidiana de la cocción de los alimentos, la combinación de ingredientes y la aplicación de calor para crear algo nuevo que sea nutritivo o terapéutico o que ofrezca algún tipo de apoyo. Como resultado de este uso físico práctico, se ha convertido en un símbolo de la abundancia, la fuente, el calor, la alimentación y la transformación.

La transformación y la transmutación son dos de los temas más comúnmente asociados con él en la mitología y en los relatos. Transformar es sufrir o iniciar un cambio de forma o de aspecto. Transmutar, sin embargo, es cambiar en la sustancia y es un término que se emplea a menudo en química y alquimia para describir el cambio de un elemento a otro. Un caldero no solo altera visiblemente algo por fuera (lo transforma) sino que también lo hace en un nivel muy básico cambiando su naturaleza (lo transmuta).

Simbólicamente te ofrece la oportunidad de explorar tu yo interior, el pozo profundo y oscuro de tu naturaleza emocional. Puede representar el depósito de sabiduría interior y de conocimientos ocultos. Al igual que las asociaciones con el elemento agua en la tradición ocultista occidental, puede simbolizar el plano subconsciente, la fuente de los sueños, la intuición y la sanación.

A veces se asocia con el inframundo, sobre todo en la iconografía y las creencias grecorromanas (sugiere la forma de una cueva, que era un lugar a menudo sagrado para las diosas ctónicas), y con el Otro Mundo, al que a menudo se llega a través de un curso de agua, según varios mitos culturales.

Los calderos en la mitología

Los calderos tienen una gran presencia en la mitología, sobre todo en la celta. A medida que vayas leyendo los siguientes mitos, observa cómo puede verse como un lugar de transformación contenido y controlado. Como recipiente ritual, sirve como centro de las energías transformadoras. Puede representar la fuente o el destino. Puede simbolizar la sabiduría, el cambio, el descenso a lo desconocido o el renacimiento. Es un símbolo con una maravillosa capacidad de adaptación.

Resulta muy interesante señalar que, en estos relatos mitológicos, concede tanto sabiduría como alimentación. El paralelo entre ambas sugiere que la sabiduría alimenta el espíritu así como la comida alimenta el cuerpo, con lo que se crea un equilibrio entre ambos. Del mismo modo, el espíritu debe nutrirse con inspiración y sabiduría, al igual que el cuerpo se nutre de alimentos.

Las características de los distintos calderos mitológicos tienden a sintetizarse en virtud del símbolo raíz que comparten, y por eso podemos encontrar referencias a algunos que sanan, alimentan y ofrecen conocimientos, todo en uno. A continuación se narran las historias de algunos de los calderos más conocidos.

El caldero de Cerridwen

Cerridwen es la diosa galesa del grano y la profecía. Por lo general se la suele considerar una diosa bruja oscura. El caldero que guarda contiene la inspiración del Otro Mundo y el conocimiento divino. Su aparición más famosa la encontramos en la historia del nacimiento de Taliesin, uno de los poetas más reconocidos de la nación celta. Cerridwen ordenó al niño Gwion Bach que removiera durante un año y un día una poción que estaba cociendo en su caldero con la intención de que concediera el conocimiento de todas las cosas pasadas, presentes y futuras a su propio hijo. El último día, tres gotas calientes salpicaron el pulgar de Gwion Bach y este instintivamente se lo llevó a la boca para enfriarlo. Al hacerlo, el poder de la poción le fue transferido y el resto quedó inservible. Con la adquisición de estos conocimientos, Gwion Bach supo que Cerridwen le perseguiría para castigarlo y huyó. Primero se transformó en una liebre, luego en un pez y, por último, en un grano de trigo para esconderse de la diosa. Cerridwen lo persiguió efectivamente, y se transformó para cazarlo mejor primero en un galgo, luego en una nutria y, por último, en una gallina que se comió triunfalmente el grano de trigo. Sin embargo, en lugar de consumir a Gwion, descubrió que estaba embarazada y dio a luz de nuevo al propio muchacho. Lo cosió a un saco de cuero y lo tiró al mar, donde lo encontró un pescador que lo bautizó como Taliesin, que en galés significa 'frente blanca'.

El caldero del Dagda

El Dagda es un dios padre de la fecundidad perteneciente a los Tuatha Dé Danaan irlandeses. Su caldero era conocido como Undry (o el Coire Anseasc) y tenía el poder de producir alimentos abundantes capaces de alimentar a todo un ejército sin agotarse. Le podríamos asociar con la frase de que «nadie se iba con hambre», un concepto muy importante cuando se aplica al contexto del hogar y la hospitalidad. En algunas versiones de la mitología del Dagda, el caldero solo produce comida en proporción al mérito de un hombre. Algunas fuentes le adjudican también el poder de curar.

Se dice también que era el lugar de descanso de la ardiente lanza de Lugh, uno de los cuatro tesoros de los Tuatha Dé Danaan. El descanso es otro concepto fundamental para los preceptos de la hospitalidad. Esta conexión demuestra la naturaleza apacible y tranquilizadora del caldero, capaz de contener una peligrosa lanza guerrera.

El caldero de Medea

La mitología griega narra que Medea era una hechicera. Cuando Jasón llegó a la Cólquida en busca del Vellocino de Oro, Medea, la hija del rey Eetes de esa región, que era quien lo guardaba, se enamoró de él y se comprometió a ayudarlo a cambio de que él le prometiera casarse con ella y llevársela con él cuando se fuera. Jasón accedió y, con su ayuda, superó todos los retos. Tras otros encuentros llegaron a Yolco, donde reinaba Pelias, un tío de Jasón que había usurpado el poder. Medea para provocar la muerte del tirano convence a sus hijas de que ella es capaz de revivir y rejuvenecer a las personas desmembrándolas y sumergiéndolas en su caldero. Lo demostró arrojando en él (que estaba lleno de hierbas y una poción mágica) una cabra u oveja vieja. Al instante salió saltando un cabrito o cordero vivo. Las hijas de Pelias accedieron a hacer lo mismo con su padre, pero Medea preparó el caldero de otra forma llenándolo solo con agua y unas pocas hierbas sencillas. Cuando las hijas desmembraron a Pelias y arrojaron los restos al caldero, que no contenía la poción de hierbas y otros preparados, su plan falló y Pelias no revivió.

Medea lo utilizó también a petición de Jasón para rejuvenecer a su padre, Esón. Entre otras actividades rituales, combinó hierbas, flores, semillas, piedras, arena, escarcha y partes de animales famosos por su vigor y vida larga. Cuando de la rama de olivo con la que estaba removiendo la poción brotaron hojas y frutos, Medea supo que estaba lista. Cortó la garganta del anciano y dejó que saliera toda la sangre. Luego vertió la poción en su boca y en la herida de la garganta y él rejuveneció cuarenta años.

Medea era la bisnieta de Helios, el dios del sol, y sobrina de la bruja Circe y, lo más importante, era sacerdotisa de Hécate, diosa del inframundo, y de ella fue de quien obtuvo su poder. El caldero es un elemento crítico de su magia rejuvenecedora, lo que sugiere que pertenece a la tradición de los que devuelven la vida.

El caldero de Bran

En los anales de la mitología galesa encontramos el caldero de Bran el Bendito, conocido como el Caldero del Renacimiento. Bran el Bendito se lo entregó como regalo de conciliación a su nuevo cuñado Matholwch, rey de Irlanda, que se había casado con Branwen, la hermana de Bran, y cuyos caballos habían sido mutilados por la furia del hermanastro de este, Efnisien. El caldero se consideró parte de la dote de Branwen y fue trasladado a Irlanda cuando ellos regresaron allí.

Tenía la capacidad de resucitar a los muertos. Si se sumergía a un hombre en él, al día siguiente volvía a la vida en perfectas condiciones físicas, pero los resucitados no podían hablar. Esto se debe a que han estado en la tierra de los muertos y no pueden contar a los vivos lo que vieron allí. Por desgracia para Bran, fue utilizado contra sus hombres y contra él cuando más tarde entraron en guerra con los irlandeses: el rey de Irlanda resucitaba una y otra vez a sus guerreros fallecidos y los devolvía a la batalla. El hermanastro de Bran acabó rompiéndolo sacrificándose a sí mismo para conseguirlo.

Se dice que su origen estaba en Irlanda, en el fondo de un lago. Esto refuerza aún más la tradición del renacimiento porque el caldero, al igual que el lago, es un punto de conexión o interacción entre el mundo de los humanos y el Otro Mundo.

El caldero de Annwn

La búsqueda del caldero de Annwn aparece relatada en el poema galés *Preiddeu Annwn* (*El botín de Annwn*), del *Libro de Taliesin*, fechado entre los siglos IX y XII. Annwn es el Otro Mundo galés. Una de las funciones del Otro Mundo celta es ser territorio de los muertos. El rey Arturo y sus compañeros viajan a Caer Sidi, una fortaleza situada en una isla regida por el señor de Annwn, con lo que están en esencia viajando a la tierra de los muertos en su intento de obtener el caldero que pertenece al señor de estos territorios. Este caldero está esmaltado con flores y tachonado con perlas o diamantes. Se enfría con el aliento puro de nueve doncellas que lo protegen. Una de sus propiedades mágicas es que no hierve la comida del cobarde ni del renegado. Está tan bien protegido que solo regresan de la aventura Arturo y seis hombres más. Consiguen el caldero, pero con un coste enorme.

Podemos suponer que un caldero que pertenece al Señor de los Muertos es como el de Bran el Bendito, que rejuvenece o devuelve la vida.

El caldero de Brigid

Se afirma a veces que la diosa irlandesa Brigid (equiparable a la escocesa Brid y a la bretona Brigantia, entre otras) poseía o llevaba un caldero. Es un desarrollo lógico de los mitos existentes sobre ella porque no solo era una diosa de la inspiración sino también de la sanación, asociada con los pozos y el agua, y del fuego y la forja. El caldero es un símbolo de agua estrechamente relacionado con el fuego por su conexión con el lar y el hogar, y también con la forja, el método con el que se fabrica.

Brigid es una diosa con tres aspectos, lo que significa que existen tres diosas independientes con el mismo nombre que rigen los ámbitos de la sanación, la poesía y la forja. Este último aspecto se conoce con el nombre de Begoibne, que significa 'mujer de la herrería'. Se dice que tenía una forja en Irlanda, bajo la colina Croghan, donde, entre otras cosas, fabricaba calderos en los que se guardaba el futuro.

Odreir, el caldero nórdico de la inspiración

En la mitología nórdica, Odín bebió sangre mágica contenida en un caldero para obtener la sabiduría. Se transformó en una serpiente para beber el hidromiel de todos los poetas, que estaba en Odrerir, lo que a veces se interpreta como el propio caldero y otras como el hidromiel de la poesía que contiene. La *Edda prosaica* describe cómo los enanos mezclaron en él la sangre del dios Kvasir, creada originalmente a partir de la saliva de todos los dioses, con miel. El líquido resultante fue el hidromiel que se bebía para transformar al hombre que lo tomase en un escaldo, o poeta erudito. Odín llegó al acuerdo de conseguirlo a cambio de su trabajo pero, cuando llegó el momento, se negaron a entregárselo. Entonces engañó a los guardianes con estratagemas y disfraces y en tres tragos se bebió toda la poción mágica que contenía. De esta forma se convirtió en el dios que inspira a los poetas, liberando en cierto sentido el caldero del gigante Suttungr, que lo guardaba celosamente. Este hidromiel era también el que empleaban las valquirias para devolver la vida a los guerreros muertos que eran llevados al Valhalla.

El uso del caldero en la brujería del hogar

Si existe algún utensilio que todo aquel que siga un camino espiritual basado en el lar y en el hogar debe tener, ese sería el caldero. Por todo su simbolismo y asociación práctica con el lar a lo largo de la historia, encarna muchísimos de los objetivos y áreas que se consideran importantes en la brujería del hogar: abundancia, alimentación, rejuvenecimiento espiritual, introspección y sabiduría, por nombrar solo unos cuantos.

Como la brujería del hogar implica sobre todo practicidad, el caldero no es solo un símbolo. También puedes usarlo en tus actividades cotidianas si lo deseas. El caldero de cocina moderno se conoce como olla o pote y puede tener patas o no tenerlas, dependiendo de si se va a utilizar dentro de casa o al aire libre. Es de hierro fundido o esmaltado.

Si adquieres uno con fines exclusivamente rituales o espirituales, no tiene por qué ser de hierro fundido. Aunque la brujería del hogar tiende a ser muy práctica y no especifica que haya que tener unos utensilios destinados exclusivamente al uso ritual, es posible que te venga bien tener dos, uno pesado de hierro fundido para

En el capítulo 6 aprenderás a crear una capillita de cocina. Como parte de ella puedes incorporar un caldero pequeño con un poco de sal. La sal en el caldero de la capillita o del altar puede usarse para muchas cosas:

- **Absorbe la energía negativa del espacio. Si la pones en el altar con esa intención, lo hará, pero luego no debes usarla para cocinar, como representación de la tierra en un ritual ni para purificar nada.**
- **Ofrece un pellizco a los espíritus de tu lar al principio o al final del día.**
- **Añade un pellizco de esta sal a tus guisos y visualiza que elimina cualquier cosa negativa que esté aferrada a ellos o empléala como catalizador que combina y une las energías deseadas ya presentes.**

cocinar y otro más pequeño y ligero para el trabajo espiritual y como símbolo en una capillita o un altar. Después de todo, llevar de un lado a otro una olla de hierro fundido de más de diez kilos puede resultar un tanto incómodo.

Cuando vayas a comprar un caldero para tu trabajo espiritual, ten en cuenta que debe ser algo que se limpie fácilmente y que no se rompa ni ocupe demasiado sitio. Considera si lo vas a tener al aire libre, en tu altar o en tu capillita, por ejemplo, para usarlo para hacer ofrendas o como candelabro (una velita de té en un caldero pequeño ofrece la imagen y la sensación de un fuego purificador y no requiere de tanta preparación como este). También puedes emplearlo como centro de pequeños rituales de veneración o como foco visual para meditar.

Un caldero simbólico pequeño es una forma muy práctica de incorporar a tu hogar sus energías asociadas sin necesidad de tener otro enorme de hierro fundido en algún lugar. Los calderos pequeños de hierro, con un tamaño que te permita sostenerlos en la palma de la mano o sobre las dos manos juntas, se pueden colocar fácilmente en tu lugar de trabajo sin que resulten un estorbo.

Usos de tu caldero

¡Pon en práctica tu imaginación! El caldero puede usarse de distintas formas. Aquí tienes algunas sugerencias que te ayudarán a empezar a pensar en cómo quieres incorporar este símbolo a tu práctica espiritual y a tu trabajo cotidiano en el lar y alrededor de él:

- Utilízalo como candelabro introduciendo en él una vela de té o llenándolo hasta la mitad de arena o de tierra para gatos que no se apelmace y poniendo una vela votiva encima. Introdúcela ligeramente en la arena para asentarla bien antes de encenderla.

- Pon una capa de arena o de tierra para gatos que no se apelmace en el fondo y pincha en ella varitas de incienso insertando bien la base. Amontona la arena alrededor para que se mantengan derechas (si tienen el palo de madera, también puedes cortar un trozo).
- Introduce un poco de comida como ofrenda y colócalo en tu capillita o en tu altar.
- Añade un pellizco de las hierbas o especias con las que condimentas la comida y sitúalo en la capillita o en el altar.
- Colócalo en el centro de la cocina y visualiza cómo toda la energía estancada y negativa fluye hacia él desde el lugar en el que esté escondida: rincones, detrás del frigorífico, debajo de la cocina o del fregadero, etc.
- Cuando necesites tranquilizarte, ponlo en la mesa delante de ti y respira hondo para serenarte. Visualiza que la oscuridad del fondo es un portal a una energía profunda, calmante y fresca. Al inspirar, siente que esta energía tranquilizadora fluye hacia ti. Percibe cómo te llena, relaja tus tensiones y calma tu enfado o tus miedos. Sigue haciéndolo hasta que vuelvas a sentirte tranquila.
- Cuando necesites entonarte, ponlo en la mesa delante de ti y respira hondo para serenarte. Visualiza que la oscuridad del fondo es un portal a una energía vibrante y alegre. Al inspirar, siente que esta energía revitalizante fluye hacia ti. Percibe cómo te llena, despierta tus células y anima tu cuerpo y tu mente. Sigue haciéndolo hasta que te sientas lista para emprender la tarea para la que te hayas estado preparando.
- Trae flores del jardín o recógelas mientras paseas por el vecindario. Colócalas en tu caldero y ponlo en tu altar o en tu capillita. Retíralas al final del día.

El caldero como foco de meditación

Utiliza el caldero como foco de meditación mientras pronuncias una oración o una invocación. Puedes contemplarlo tal cual o llenarlo de agua y fijar la vista en ella. Aquí tienes algunas ideas de oraciones que puedes rezar antes de meditar o para redondear una sesión. Son solo sugerencias; tienes plena libertad para escribir y usar las tuyas.

Oración del caldero para pedir abundancia

Como símbolo de la abundancia, el caldero es realmente imbatible. La abundancia abarca cosas como prosperidad, mucha comida, buenos amigos, una cuenta bancaria saneada y demás.

Caldero bendito,
a través de ti invoco a Undry,
el gran caldero del Dagda.
Sé para mí una fuente de abundancia,
energía nutritiva y fuerza.

Oración del caldero para pedir inspiración

Sea cual fuere nuestro oficio –cocinar, pintar, escribir, cantar, cuidar de nuestros hijos, responder al teléfono o conducir un autobús–, hay días en los que tenemos la sensación de que todo lo que hacemos es insulso o poco original. Si sientes que te vendría bien un poco de la inspiración alentadora de tu lar espiritual, prueba a invocar el caldero de Odín con el hidromiel de los poetas para que te dé un empujoncito creativo.

Caldero bendito,
a través de ti invoco al caldero de Odín.
Sé para mí una fuente de inspiración,
que mi trabajo en el lar y en el hogar esté motivado por
la percepción divina manejada con percepción sensible
y ejecutada con poesía.

Oración del caldero para pedir renovación espiritual

Todos necesitamos reinventarnos de vez en cuando, sobre todo si nuestra vida parece estar estancada o tenemos la sensación de que no estamos llegando a ningún lado. Esta oración pide el renacimiento figurativo que te ayudará a ponerte otra vez en marcha. Recuerda que, para renacer, tendrás que renunciar a lo que tienes en estos momentos, así que esta oración puede dar lugar a algunos cambios en tu vida con los que quizá no te sientas totalmente cómoda. A veces resulta duro abandonar una forma de pensar muy arraigada, aunque sepas que te está impidiendo avanzar.

Caldero bendito,
a través de ti invoco al caldero de Bran.
Límpiame de todo aquello que ya no necesito
y concédeme una vista nueva, un conocimiento nuevo
y una energía nueva para vivir mi vida.

Oración del caldero para pedir sabiduría

La sabiduría se diferencia del conocimiento en que es la acumulación de la iluminación que se deriva de poner este en práctica, con lo que aporta experiencia personal. Es lo que nos guía para tomar decisiones relacionadas con asuntos morales o éticos.

Caldero bendito,
a través de ti invoco al caldero de Cerridwen.
Sé para mí una fuente de sabiduría,
que pueda mantener la paz y el equilibrio dentro de mi casa
y que todo aquel que se acerque a mi lar sepa distinguir entre lo que es bueno y lo que es malo.
Concédeme visión interior, caldero bendito,
y ayúdame con mis decisiones cotidianas.

Tipos de caldero

Las antiguas vasijas, equiparables a los calderos, se fabricaban con calabazas ahuecadas o con barro, pero, a medida que la humanidad fue aprendiendo a extraer y trabajar los metales, se adquirió la costumbre de fabricar con ellos los recipientes para cocinar porque había que colocarlos en el fuego o cerca de él para calentar y cocer el contenido. De esta forma, un caldero metálico puede asociarse con el símbolo del fuego, porque este se emplea para forjar los metales de la tierra, con el del agua, porque este elemento se emplea para enfriarlo, y con el de la tierra, porque los metales se extrajeron de ella.

Sin embargo, sería más correcto decir que simboliza la interacción de estos tres elementos y es, por tanto, un símbolo de transformación. Esta asociación con la transformación deriva también de la alquimia de la cocción que tiene lugar dentro de él.

Los metales más empleados para fabricar calderos poseen su propia energía y esta contribuye a la energía general de tu cocina. Ser consciente del material con el que están fabricados los utensilios y de las asociaciones de los elementos que los constituyen aporta a tu trabajo espiritual enfoque y consciencia. Aquí tienes una breve lista de los metales más utilizados en la elaboración de calderos y de sus energías asociadas; en el capítulo 8 veremos con más detalle las energías de los metales que suelen emplearse tanto en su fabricación como en la de otros utensilios de cocina.

- **Latón** (a menudo se utiliza como sustituto del oro): prosperidad, salud, energías del fuego y del sol, protección, magia de atracción, desvío de la negatividad.
- **Hierro y acero**: enraizamiento, protección, desvío de la magia y la energía psíquica, aumento de la fuerza física.
- **Cobre**: vitalidad, renovación, sanación, amabilidad, fecundidad, amor, belleza, armonía, amistad, paz, equilibrio de las energías salientes y entrantes, atracción del dinero.
- **Aluminio**: viajes, comunicación, actividad mental, flexibilidad.
- **Estaño y peltre**: dinero, éxito empresarial, fama y reconocimiento, asuntos legales.

Cómo cuidar un caldero de hierro fundido

Si quieres que tu caldero te dure bastante tiempo, es importante que sepas cómo debes cuidarlo. Antes de usarlo como cualquier cosa que no sea un símbolo visual, debes prepararlo y sellarlo. Es un proceso que recibe el nombre de curado. Los utensilios nuevos de hierro fundido suelen tener un apagado color plata, pero cuando ya han sido usados se vuelven negros. Esto no influye en su efectividad. El hierro fundido crudo es muy poroso y debe ser sellado antes de utilizarlo. Es lo que se conoce como curado de la olla.

Asegúrate de lavarlo bien con jabón y agua caliente antes de curarlo para eliminar cualquier recubrimiento que le hayan podido poner en la fábrica. Si has comprado un caldero de hierro fundido de segunda mano en un mercadillo o en una casa particular y está oxidado, es muy fácil rescatarlo. Frótalo con un estropajo de acero y luego lávalo bien con agua jabonosa caliente. A continuación, cúralo como te indico.

1. Precalienta el horno a 120-150 ºC (250-300 ºF).
2. Frota el caldero por dentro y por fuera con grasa o manteca (el aceite vegetal o de oliva suele dejar un residuo bastante pegajoso, así que mejor evítalos).
3. Colócalo sobre una bandeja de horno forrada de papel de aluminio e introdúcelo en el horno precalentado. Al cabo de quince minutos, retíralo con unas manoplas y vierte o limpia el exceso de grasa (se habrá fundido y recogido en el caldero).
4. Vuelve a introducirlo en el horno y déjalo durante una hora. Una vez transcurrida, apaga el horno y deja enfriar el caldero dentro.

Los utensilios de cocina de hierro fundido deben limpiarse cuando todavía están templados. Se aclaran con agua muy caliente y se secan con papel de cocina. Asegúrate de que están completamente secos antes de guardarlos. Algunas personas afirman que no se deben meter nunca en el lavavajillas, pero limpiarlos de vez en cuando con jabón ayuda a descomponer la grasa de los alimentos que haya podido quedar adherida, porque puede enranciarse. Nunca uses un estropajo abrasivo porque rompe la superficie curada. Si no tienes más remedio, frota toda la olla y luego vuelve a curarla según lo indicado. Nunca la dejes con residuos ni permitas que siga mojada después de aclararla porque se oxida.

Un método alternativo para limpiar el caldero es hacerlo con sal.

1. Pon una capa de sal de entre 1 y 3 milímetros (una pizca menos de un cuarto de pulgada) dentro de la olla o la sartén de hierro fundido.

2. Caliéntala en la cocina o en el horno a temperatura muy baja durante al menos media hora. La sal se oscurecerá debido a la grasa y la suciedad que absorbe.
3. Retira la olla del fuego y deja que se enfríe.
4. Con un cepillo seco y duro (van muy bien los diseñados para limpiar woks; ¡bajo ninguna circunstancia uses un estropajo de acero!), frota la sal (recuerda, no la aclares con agua).
5. Para terminar, pasa un trozo de papel de cocina o un paño suave por toda la superficie.

Este método de limpieza en seco con sal te permite no tener que preocuparte de que la olla esté totalmente seca antes de guardarla y evita cualquier posibilidad de oxidación.

Para guardar utensilios de cocina de hierro fundido, recubre el interior de la olla con un trozo de papel de cocina para que absorba la humedad y así reducir el riesgo de oxidación. Si tu caldero tiene tapa, no se la pongas para permitir que el aire circule libremente. Esto también ayuda a evitar que se oxide.

Bendice tu caldero

Cuando compres un caldero, lo mejor es limpiarlo y purificarlo antes de usarlo, ya sea para cocinar o como símbolo o herramienta espiritual. Puedes adaptar el Ritual Básico de Purificación de Habitaciones que encontrarás en el capítulo 7 o crear el tuyo propio. Una vez purificado, puedes pronunciar una bendición sobre él, puede ser como esta o como cualquier otra que elijas o incluso puedes escribir una tú misma.

Caldero,
símbolo sagrado del renacimiento,
de la transformación y la sabiduría,

comparte conmigo tus secretos y tu intuición.
Que tu energía entre en contacto con mi vida
mientras trabajamos juntos.
Caldero, te doy la bienvenida a mi hogar.
Bendito seas.

Si quieres, puedes espolvorear unas hierbas frescas o secas dentro de él para que representen las bendiciones o la bienvenida (si no tienes ninguna conexión con ellas o no percibes una energía de este tipo en ninguna, en el apéndice encontrarás una breve lista de sugerencias con sus asociaciones tradicionales).

Receta: Galletas del caldero

Estos caprichitos tan divertidos son una versión de las galletas rellenas. Utiliza el hueco del centro como fuente de cualquier alimento del que quieras obtener poder: frutos secos para la abundancia y la fecundidad, etc. Puedes hacerlas y empoderarlas con cualquier energía que te apetezca asociar con ellas: sabiduría, abundancia o transformación espiritual, por ejemplo (en el capítulo 9 encontrarás más información sobre el aspecto espiritual de la elaboración y el uso de los alimentos en un contexto espiritual).

En esta receta se utiliza cacao para hacer unas galletas de chocolate que se parezcan más al tradicional caldero oscuro. Si quieres hacerlas de vainilla, omítelo y añade una cucharada o dos más de harina.

Asegúrate de apretar fuerte con el pulgar en el centro. Si solo imprimes una pequeña huella, la forma similar a un caldero se pierde al hornearlas, porque la masa sube ligeramente. También puedes cocerlas durante cuatro o cinco minutos, apretarlas con el pulgar (ten cuidado, porque estarán calientes) y luego seguir horneándolas el resto del tiempo.

Vas a necesitar:

- 1 taza de mantequilla blanda
- 1 taza de azúcar moreno
- 2 huevos grandes
- ¼ de taza de leche
- 1 cucharadita de extracto de vainilla
- 2 tazas de harina
- ⅔ de taza de cacao
- 1 cucharadita de levadura en polvo
- ½ cucharadita de sal
- Sugerencias para el relleno: mermelada, nata montada, bayas ligeramente machacadas espolvoreadas con un poco de azúcar (deja reposar durante al menos una hora antes de rellenar las galletas), glaseado, manteca de frutos secos.

1. Bate bien la mantequilla en una ensaladera. Añade el azúcar y remueve hasta conseguir una mezcla esponjosa. Ve incorporando los huevos uno a uno. Agrega la leche y la vainilla y mezcla bien con cuidado.
2. En un bol mediano, mezcla la harina, el cacao, la levadura en polvo y la sal. Incorpora con cuidado la mantequilla con el azúcar y bate hasta que esté todo bien mezclado.
3. Tapa el cuenco con papel film y refrigera durante al menos una hora o hasta que la masa esté suficientemente firme como para poder manejarla bien.
4. Calienta el horno a 175 ºC (350 ºF). Ve formando bolitas de dos centímetros y medio (una pulgada). Colócalas en bandejas de horno ligeramente engrasadas. Presiona con el pulgar en el centro de cada una con suavidad pero marcando la huella bien hondo (puedes espolvorearte las manos con azúcar glas para impedir que la masa se te pegue demasiado al hacer las bolitas y apretarlas con el pulgar).
5. Hornea durante diez o doce minutos o hasta que estén consistentes. Deja enfriar ligeramente en la bandeja de horno y

luego retíralas para que terminen de enfriarse en una rejilla. Deben estar totalmente frías antes de rellenarlas. Si quieres que se parezcan aún más a un caldero, usa unas tiritas de regaliz como asa.

Tu representación física del lar espiritual o tu altar o capillita de cocina son el lugar perfecto para el descanso del caldero ritual. Como es uno de los símbolos centrales de la brujería del hogar, lo ideal es tenerlo a la vista mientras trabajas. Echarle un vistazo de vez en cuando te ayudará a centrarte en tu propósito espiritual, sea el que fuere: alimentar, amar, proteger o cualquiera que sea el objeto de tu trabajo.

CAPÍTULO 5

Deidades del lar y del hogar

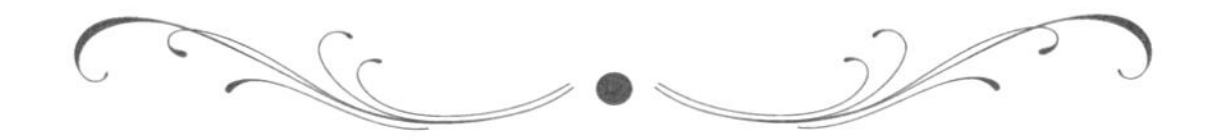

EXISTEN MULTITUD DE DEIDADES y espíritus asociados con el lar, lo que demuestra la importancia espiritual de esa zona de la casa. Los conceptos del lar y del hogar están tan entrelazados que las deidades asociadas con uno suelen estar también asociadas con el otro. Por eso te ofrezco aquí una muestra de varias deidades del lar y domésticas procedentes de distintas culturas. No es ni mucho menos exhaustiva ni cada una de las descripciones es completa.

Hestia

Hestia era la diosa griega del lar, la primera deidad en recibir ofrendas. El dicho «Hestia es la primera» señala lo arraigada que estaba en las vidas y en la práctica espiritual de este pueblo. El himno homérico dedicado a Hestia dice:

> *Hestia, tú que en las excelsas moradas de todos los dioses inmortales y de los hombres que caminan sobre la tierra te ganaste un sitial perpetuo y el mayor de los honores: gloriosos son tu porción y tu derecho. Porque sin ti no hay banquete entre los mortales en*

> *el que no se vierta debidamente el vino dulce en ofrenda a Hestia tanto al principio como al final.*

A pesar de su posición como primera entre iguales, rara vez aparece en la mitología. Existen muy pocas historias relacionadas con ella y su conducta es pasiva allí donde aparece. Da la impresión de ser más un ideal no encarnado que una deidad corpórea, tal y como se presentan el resto de los dioses del Olimpo en las historias. Esto no significa que no desempeñara un papel significativo en la vida de los griegos. Muy al contrario, porque estaba siempre presente en la forma del lar del hogar y también en el público. Se consideraba tan arraigada en la vida cotidiana que las historias que la pintaban como más grande que la vida eran innecesarias.

Es una de las tres diosas griegas originales de la primera generación de los habitantes del Olimpo. Era considerada una virgen, no sometida ni subordinada a ninguna persona ni deidad. Como diosa del lar estaba asociada con la cocción del pan y la preparación de las comidas. También se identificaba con la llama sagrada, por lo que estaba conectada con las ofrendas y recibía una parte de todas las que se hacían a los demás dioses.

A pesar de no tener un templo formal, era venerada en un altar público de la casa consistorial, o pritaneo, donde se mantenía siempre encendida una llama eterna. Así como el lar representa el corazón espiritual del hogar privado, el lar público dedicado a Hestia se consideraba el corazón de la ciudad. Cuando se fundaba un pueblo, se llevaban brasas de este lar público para encender el fuego del nuevo y transportar así la esencia y la protección de Hestia para que bendijera el asentamiento. Del mismo modo, los miembros de la familia que establecían un nuevo hogar en otro lugar llevaban brasas del lar del antiguo al del nuevo.

Hestia preserva la santidad del hogar privado guardándolo como refugio y lugar de renovación espiritual. El lar se consideraba el corazón espiritual del hogar privado y su fuego no se apagaba nunca. Si, por alguna razón, llegaba a extinguirse, había que celebrar rituales de purificación y renovación antes de volver a encenderlo. Como Hestia era la esencia del hogar, no se la veneraba formalmente. Todo el mundo la honraba de manera individual. Es un ejemplo de lo sagrados que pueden llegar a considerarse el lar y su fuego y de cómo el hogar era un templo sagrado para una familia.

Su presencia se simboliza con una llama que arde en el lar o en el altar. Rara vez aparece retratada en la iconología porque se entiende que es la llama en sí misma. Cuando se representa su imagen, a veces se muestra con una rama en flor, un hervidor de agua, una olla en forma de caldero o una antorcha.

Resulta muy interesante señalar que era considerada una solterona o una persona muy hogareña, unos atributos que en la sociedad moderna suelen tener connotaciones peyorativas o despectivas. Deberíamos recordar, sin embargo, que en las sociedades antiguas las mujeres mayores eran veneradas por ser consideradas sabias y experimentadas.

Vesta

El equivalente romano de Hestia es Vesta. Aunque su función y su posición son similares, Vesta no es completamente idéntica a la diosa griega del lar. Una de las diferencias principales es que su culto estaba formalizado y disponía de una orden de sacerdotisas que la veneraba en sus templos. En estos se albergaba una llama eterna que simbolizaba la vida y la seguridad de la propia ciudad de Roma. El fuego era guardado y vigilado por estas sacerdotisas, conocidas como vestales, entregadas a su servicio. Juraban dedicarle su vida y por eso hacían voto de castidad durante treinta años para consagrar toda su energía y su tiempo a la diosa. Esto dio lugar al nombre descriptivo de «las vírgenes vestales».

Su fuego sagrado se encendía cada primero de marzo. Se cogían unas ascuas y se conservaban en un recipiente. Una vez limpiado el lar, se volvía a encender con las brasas del original. En este sentido, la llama era realmente eterna porque la esencia de la del año anterior y la de todos los fuegos previos se transmitía a las ascuas de la nueva llama. Los restos de los fuegos sacrificiales encendidos en el templo también se consideraban sagrados y sus cenizas se recogían y se guardaban hasta la procesión anual al río Tíber, donde se lanzaban. La festividad de Vesta, conocida como Vestalia, se celebraba entre el 7 y el 15 de junio.

Al igual que sucedía con Hestia, la presencia de Vesta se simboliza con una llama ardiendo en un altar o en el lar del hogar. La iconología la representa con una jabalina o con una lámpara de aceite.

Brigid

Esta muy querida diosa irlandesa del hogar era conocida también con otros nombres, como Brid o Brigantia, en las regiones que más tarde se convirtieron en Escocia y Bretaña. Tiene tres aspectos: como herrera, como sanadora y como poeta. Está muy asociada con el elemento fuego y, en menor grado, con el agua.

Todos sus aspectos tienen relevancia en la práctica de la brujería del hogar. La herrera trabaja con el elemento fuego que es, como el caldero descrito en el capítulo 4, un agente de transformación y transmutación. Fabrica utensilios, muchos de ellos para el hogar y el uso doméstico, como calderos, ganchos, clavos, herramientas para cuidar y limpiar la chimenea, morillos (los soportes metálicos sobre los que se colocan los troncos o el combustible que va a quemarse) y demás. Su aspecto sanador se centra en devolver y mantener la salud, algo de lo que también se ocupa la brujería del hogar. Y la inspiración del poeta se simboliza a menudo con una llama.

Brigid ha sobrevivido hasta hoy como santa católica y sus áreas de influencia están sin duda relacionadas con el lar y el hogar. Es la patrona del ganado (ovejas y vacas), de los productos lácteos, como la leche y la mantequilla, y de las trabajadoras de la industria láctea (incluidas las que ordeñan y las lecheras), de los niños, de los que crían aves de corral, de las parteras, de los poetas y de los herreros. Sus múltiples asociaciones con la casa y el hogar la convierten en una diosa con la que trabaja mucha gente.

Ha sido venerada, primero como diosa y más tarde como santa, por un círculo de diecinueve sacerdotisas o monjas que cuidaban una llama eterna. Se decía que el vigésimo día la llama sobrevivía sin que la atendiera ningún ser visible, lo que dio lugar a la creencia de que era la diosa misma quien la cuidaba ese día.

Tsao Wang

Tsao Wang es el dios chino del lar, también conocido como dios de la cocina. Se solía tener una imagen suya (y a veces de su mujer) en este recinto, por lo general encima del fuego o junto a él, para que simbolizara su presencia. Regularmente se quemaba incienso en su honor o se le hacían otras ofrendas. Se dice que cuidaba de la familia durante todo el año y que su mujer llevaba un registro de los buenos actos de cada uno de sus miembros. La semana antes del Año Nuevo chino, Tsao Wang abandonaba el lar para informar en el cielo del comportamiento de la familia. Era costumbre ofrecerle dulces glaseados, vino y dinero para hacer que su viaje fuera confortable con el fin de que su informe fuera bueno. De él dependía si se asignaba buena o mala suerte a la familia para el año siguiente.

En China y Japón existen varias costumbres y tradiciones relacionadas con el lar y el hogar que a menudo giran en torno a la veneración de la familia, los antepasados y los espíritus domésticos. Como no podemos incluirlos todos aquí, puedes investigar tú misma para ver el enorme respeto de estas culturas por los espíritus asociados con el espacio sagrado del hogar y las diversas tradiciones, que van desde fiestas y alimentos concretos a ofrendas y festivales.

Durante el periodo en el que Tsao Wang estaba de viaje, la imagen se volvía de cara a la pared o, si era de papel, se quemaba. Antes de que regresara era necesario limpiar a fondo la casa para expulsar cualquier mala suerte o energía negativa que estuviera presente y todos los miembros de la familia y los que residían en la casa ayudaban para asegurarse la buena suerte para el año siguiente (no había que limpiar los días inmediatamente posteriores al Año Nuevo porque se perdería esta buena suerte). La imagen se volvía a dar la vuelta para simbolizar su regreso o se traía otra nueva para sustituir a la que se quemó. Luego se preparaba una comida especial para darle la bienvenida de nuevo al lar.

Kamui-fuchi

Kamui-fuchi es una diosa japonesa del lar. En origen pertenecía al pueblo ainu. Su nombre significa «Mujer de las chispas del fuego que se elevan» y su símbolo es la llama del lar. Según la leyenda, jamás abandona un hogar y, por tanto, no permite nunca que se apague el fuego. Es la principal supervisora de la casa pero, como no abandona su lugar, otros espíritus tienen que informarle de lo que sucede. Ella vigila la casa y también imparte justicia en los asuntos domésticos.

En la tradición ainu, el lar era también el lugar donde residían los ancestros, con lo que estaban situados en el corazón de la casa. El fuego del hogar se consideraba además un portal a través del cual la familia podía comunicarse con el mundo de los espíritus.

Kamado-no-Kami

Kamado no Kami es el dios japonés del fuego para cocinar o de la cocina y el horno. Al igual que Tsao Wang, habita simultáneamente en todas las casas. Es también un dios de purificación. Sin embargo, como se cree que el fuego puede contaminarse fácilmente, existen ritos de purificación para él y para el horno. En muchas cocinas se tienen capillitas para ayudar con el fuego cotidiano y, al mismo tiempo, para contener su naturaleza peligrosa.

En algunas regiones de Japón, *kamado* es también una palabra que designa al puchero para cocinar, por lo que esta deidad puede asociarse a los calderos. Kamado-no-Kami pertenece al conjunto de las deidades del fuego (*hi-no-kame* o *hinokame*) y su esfera de protección abarca desde el fuego del hogar a toda la casa y la comida que se prepara en ella. *Kami* es el término general con el que se nombra al «espíritu», y el hecho de que sea una parte oficial de su nombre significa lo esencial que es Kamado-no-Kami para esta cultura. Koujin-Sama es la deidad sincrética sinto-budista de la cocina, tanto de la habitación como del electrodoméstico en el que se guisa. Su nombre es el homólogo de Kamado-no-Kami.

Gabija

Gabija (también Gabieta y Gabeta), la diosa lituana del fuego del hogar, era considerada la protectora de la casa. Se creía que la lumbre era una energía purificadora que defendía la casa de las personas y las criaturas sucias. La tradición dictaba que debía apagarse y volver a prenderse ritualmente cada 24 de junio. Siempre que se encendía un fuego, se ponía un vaso de agua o de cerveza como ofrenda a Gabija. Cuando se tapaba por la noche, las mujeres de la casa le rezaban pidiéndole buena suerte y seguridad para toda la familia. Como sucedía en el culto a Hestia, las novias cogían ascuas del lar de su familia y las usaban para prender la lumbre de su nuevo hogar. Algunas fuentes afirman que se echaba un pellizco de sal al fuego como ofrenda. Otra forma de esta diosa, Gabjaua, estaba asociada con las cosechas de cereales y la elaboración de cerveza.

Ertha

Ertha, una deidad doméstica del norte de Europa, está asociada con la tierra y la abundancia, el destino, la paz y la vida hogareña. Es una versión germánica de la Madre Tierra. En algunos mitos es la madre de las tres nornas, las hermanas que controlan el hado y el destino. La adivinación solía ser una actividad que se realizaba junto al lar y a menudo se empleaba el fuego como herramienta de predicción, por lo que resulta una asociación lógica. Se dice que, en el solsticio de invierno, Ertha volaba por el humo del fuego de la cocina dejando pequeños presentes para cada miembro de la familia, una actividad muy parecida a la que hoy en día tiene asignada Santa Claus.

Frigga

Frigga (también conocida como Frigg en algunas fuentes), una de las principales deidades femeninas de la mitología nórdica, es una diosa doméstica en el sentido genuino del término. Es la mujer de Odín y se la considera la diosa del matrimonio y del amor, la fecundidad, la maternidad, la gestión de la casa y todas las habilidades domésticas. Lejos de ser una subordinada, es poderosa y comparte con Odín el Hlidskjarf, el elevado sitial desde el que se contempla todo el mundo. Posee el poder de la profecía, aunque se guarda ese conocimiento del futuro para sí. Estos dos últimos datos confirman su inmenso poder y la enorme cantidad de información que atesora acerca de la tierra y las áreas que están bajo su mando. Gracias a este conocimiento, puede organizar y realizar sus tareas manteniendo un entorno tranquilo, bien gestionado y que sirve de apoyo para todos los que están a su cargo.

Tiene compañeras y asistentes, todas ellas asociadas con las virtudes y las actividades domésticas. Eir es la diosa de la curación; Hlín, la de la protección; Gná, la de los mensajes y la comunicación, y Fulla, otra diosa de la fertilidad.

Los símbolos que suelen identificarse con ella son la rueca y el huso, al igual que el muérdago, una planta con poderes de curación, de fecundidad y de protección.

Bes

Bes, el dios enano egipcio de la protección, aparecía frecuentemente representado en objetos domésticos, por lo que estaba asociado con la protección general de la casa. Era un dios guerrero y defensor que protegía a la familia tanto dentro como fuera del hogar y expulsaba la mala suerte.

Espíritus del hogar

Un espíritu del hogar es un guardián que defiende la casa, alguna parte concreta de ella o a los miembros de la familia. No son deidades formales ni figuras mitológicas, sino, más bien, entes exclusivos del lar y de la familia. Por eso pueden estar relacionados con los antepasados o ser espíritus del lugar. Son venerados dentro del hogar y a menudo aparecen representados en los objetos domésticos mediante pequeñas figurillas, dibujos o grabados. Suelen ser reconocidos por la familia, que les dedica ofrendas de diversos alimentos y bebidas o los honra de otras formas. Por lo general, las asociaciones culturales que se establecen con ellos son la protección del hogar, la de los miembros de la familia y la prosperidad.

El culto romano del lar y de la familia es un ejemplo excelente de cómo funcionaban estos espíritus en la vida cotidiana y en la actividad espiritual de la familia. Los *lares familiares* de la antigua Roma eran espíritus asociados con distintos lugares o actividades. El *lar familiaris* (literalmente, el 'guardián de la familia') era un dios o espíritu doméstico asociado con una casa familiar individual. Una pequeña capillita conocida como *lararium,* que podía ser un nicho en una pared, una alacena o un armario, les servía de hogar. Estaba colocado cerca del lar, que constituía el centro de la casa, o en una entrada, y a veces compartía el lugar con Vesta o estaba situado junto al de esta. Se colocaban estatuillas de los *lares* por la casa y alrededor de esta para protegerla. A veces se ponían en el tejado o en otros sitios elevados. Eran una parte esencial de la vida familiar, tanto en los sucesos cotidianos como en las ceremonias familiares más formales. Si los miembros de la familia los veneraban, entonces estos espíritus los protegían y les aseguraban buena suerte. Si una persona no los honraba correctamente, era ignorada y se le negaba su ayuda.

Tenían su propia fiesta, la Compitalia, que se celebraba hacia el 4 de enero. Estaba asociada con el concepto del cruce de caminos, un símbolo interesante si consideramos el enorme poder que tenían los *lares* para ayudar o entorpecer a una familia. Algunos textos sugieren que había uno distinto para cada una de las diferentes zonas de la casa, como las puertas, el lar y demás. Los *pena-*

tes, por ejemplo, eran originalmente espíritus de la despensa y de los almacenes. Cuando se los veneraba correctamente, se aseguraban de que la familia fuera próspera y siempre tuviera suficiente comida. En la *Eneida,* de Virgilio, Eneas se detiene un momento antes de emprender su huida para recoger las figurillas de los dioses del lar. Esta acción sugiere que el «hogar» está allí donde se encuentran estos dioses. Al llevarse su representación física y centrarse en estos espíritus, Eneas simboliza que está transportando a todos sus ancestros y su cultura en su búsqueda de un nuevo hogar y la fundación de una nueva ciudad.

Así como los *lares* eran literalmente espíritus del lugar que permanecían en la casa cuando la familia se mudaba y protegían a todos los que se encontraban en ella con independencia de la posición o el grado de parentesco que tuvieran, los *manes* eran los auténticos espíritus de los antepasados de la familia y de los muertos queridos. *Di manes* puede traducirse como 'los buenos' o 'los amables'. Estos espíritus protegían a la familia en sí, no a la casa ni a los criados.

El sintoísmo, la religión originaria de Japón, tiene como uno dc sus principios honrar a la familia y la tradición. Un hogar sintoísta suele tener una pequeña capillita o altar denominado *kamidama* ('estante de dios' o 'estante del espíritu') situado en lo alto de una pared de una zona importante de la vida de un hogar. Con frecuencia se trata de una baldita o una pequeña estructura similar a una casa o a una fachada en la que se colocan objetos rituales. Tradicionalmente, las cinco ofrendas que se hacen en un *kamidama* son arroz, sake (vino de arroz), agua, sal y ramas de plantas de hoja perenne o incienso. El diminuto conjunto de objetos utilizados en el altar para estas ofrendas se conoce como *shinki* e incluye floreros de cerámica blanca para las ramas, frascos con tapa para guardar el sake bendito, un platito para el arroz, otro frasco con tapa para el agua bendita, otro platito para la sal y una pequeña plataforma o bandeja de madera en la que colocarlo todo, así como réplicas en miniatura de las lámparas de las capillitas formales grandes. Antes de presentar una ofrenda, hay que lavarse muy bien las manos.

Aunque el *kamidana* no está dedicado solo a los *kamadogami*, o dioses sintoístas del lar, estos son sin duda uno de los tipos de espíritus a los que se honra en ellos. Preparar un pequeño lugar como este en el que centrar tu veneración a tus propios espíritus y ancestros domésticos es otra forma de explorar la espiritualidad de la casa y de honrarla (en el capítulo 3 encontrarás más información acerca de cómo crear una representación física del lar espiritual y, en el 6, sobre cómo construir una capillita de cocina).

Las culturas europeas también han conservado determinados espíritus de la casa a los que se nombraba en clave en los cuentos populares pero a los que se sigue haciendo referencia en los tiempos modernos y a los que se recuerda en la tradición cultural. Suelen ser masculinos, muchas veces peludos y con forma humana, pero con unas proporciones más pequeñas o en miniatura, y por lo general son benévolos a menos que se sientan provocados por una falta de respeto o un reconocimiento abierto. Si uno de estos seres está asociado con tu ascendencia cultural, puedes pensar en invitarlo a hospedarse en tu casa. ¡Eso sí, asegúrate de que lo tratas correctamente!

- **Brownie (Escocia, Inglaterra)**: Es un espíritu doméstico familiar al que suele describirse como un ser humano pequeño y de color marrón vestido con harapos o completamente desnudo. En ocasiones muestra diferencias físicas poco importantes con las personas y puede tener las manos palmeadas, faltarle dedos o tener la nariz aplastada. Son quizá los espíritus domésticos más colaboradores que podríamos tener porque ayudan y apoyan en todas las actividades domésticas. Es esencial que no reciba otra señal de aprecio más que un plato de leche, pan recién hecho o un pastel porque, de lo contrario, se irá para siempre. Darle las gracias de palabra o regalarle ropa nueva son dos cosas que están especialmente prohibidas. También lo están las críticas de cualquier tipo porque, de recibirlas, se ofendería y revolvería todo destruyendo los bienes de la casa. Algunos protegen también el hogar o dejan en evidencia con bromas juguetonas a los miembros de la familia que son vagos y haraganean con sus labores.

- **Boggart (Inglaterra, zona norte del estado de Nueva York)**: Los boggarts pueden ser espíritus serviciales o malévolos. No suelen tener forma física aunque hay historias en las que algunos en concreto la adoptan para atormentar o engañar a las personas. Son traviesos y disfrutan gastando bromas y, a menudo, muestran una conducta similar a la de los poltergeist. Los benévolos se parecen a los brownies en su forma de actuar y ayudan en las tareas domésticas. Al igual que a estos, hay que tratarlos bien o mostrarán una conducta destructora. El bwca galés es una forma de brownie.
- **Hob (Inglaterra)**: El hob actúa de una forma muy parecida al brownie pero, en lugar de ayudar de forma general, se centra en una tarea concreta. El nombre hace referencia a la chapa plana del fogón o de la cocina o a una balda junto al lar donde se calentaban los pucheros o se mantenían calientes*. Con él hay que mostrar las mismas precauciones que con los brownies en lo que respecta a darle las gracias o a criticarlo. Puede estar unido a una casa concreta, a una tierra o a una familia y la seguirá si esta se muda. También se le conoce como hobgoblin y a veces se le considera un espíritu de la naturaleza o se le confunde con un duende malicioso.
- **Domovoi (Rusia)**: El domovoi es un espíritu doméstico servicial muy parecido al brownie inglés. Se le describe

* *Hob*, en inglés, significa 'proyección o balda situada en la parte posterior o lateral de una cocina para mantener la comida caliente'. *(N. de la T.)*

como un ancianito de barbas grises que vive debajo del lar o junto a él o, en ocasiones, en el umbral de la puerta de entrada. Aunque en ruso *dom* significa 'casa', el domovoi está unido a la familia y se mudará con ella si se le invita correctamente. A veces ayuda con las tareas domésticas, pero su función principal es proteger la casa y a sus residentes. Siempre se le reserva una ración de la cena y la familia nunca se refiere a él por su nombre sino solo por un apodo, como «anciano abuelo». Al igual que la mayoría de los espíritus del hogar, hay que tenerle siempre contento porque, de lo contrario, la familia se arriesga a tener mala suerte y a sufrir actividades tipo poltergeist.

- **Tomte (Suecia)**: El tomte o tomtar es un espíritu doméstico también masculino. Puede tener hasta sesenta centímetros de alto o muchos menos y se siente atraído por el terreno en el que se ha construido una casa. Su comida preferida son las gachas de avena, muchas veces con un poco de mantequilla por encima, que se le sirven en la mañana del día de Navidad. Su presencia asegura el buen funcionamiento y la prosperidad de la casa, en ocasiones a expensas de los vecinos, que pierden su grano o sus provisiones porque el tomte trabaja para que la casa que tiene a su cargo esté bien provista. Está dotado de una fuerza increíble, mucho mayor de lo que nadie podría imaginar. En Finlandia recibe el nombre de tonttu. Por Navidad es frecuente ver imágenes suyas como un hombrecillo de barba blanca con un sombrero rojo picudo.
- **Nisse (Dinamarca, Noruega)**: El nisse o nis es un espíritu parecido al brownie al que le gustan las casas tranquilas y ordenadas. Hace las tareas domésticas por la noche. Al igual que el tomte, puede hacerse sigilosamente con bienes y suministros de los vecinos para suplementar la despensa de su casa. Le gusta que le den las gracias dejándole un

cuenco de gachas de avena con un poco de mantequilla. Su habilidad especial es la velocidad.

- **Kobold (Alemania)**: Un kobold es un espíritu del hogar que puede manifestarse como un ser humano, un animal, un fuego o un objeto doméstico. Es similar a los brownies y a otros espíritus de la casa y, por lo general, se le describe como una persona de entre sesenta centímetros y un metro veinte de altura. Vive debajo del lar o en una zona menos transitada, como las leñeras o los desvanes. Termina las tareas que hayan quedado sin acabar cuando las personas se van a la cama, ahuyenta las plagas y ayuda a la familia a tener siempre abundancia de comida y buena suerte. Como de costumbre, se le debe respetar y reconocer sus esfuerzos o se corre el riesgo de que deje de ayudar y de sufrir una terrible mala suerte, enfermedades y contratiempos. Al igual que hacían los romanos con sus espíritus del hogar y sus dioses, los campesinos alemanes tallaban efigies y figuritas de los kobolds para que protegieran sus casas. En la mitología germana existen otros tipos de kobolds, destacan los que viven en las minas y los que protegen a los que faenan en los barcos.

Aunque no se consideran dioses en un sentido real, hay que tener contentos a estos espíritus domésticos más traviesos si queremos evitar la mala suerte y los obstáculos en la vida cotidiana. Para ello, en algunos casos, eso significa no reconocerlos, como sucede con los brownies.

Ofrendas a los espíritus del hogar

Las ofrendas son una forma de honrar a tus principios, guardianes o conceptos de lo sagrado. Este término sugiere dar a la entidad a la que honras algo que de una forma u otra aprecies mucho. Puede ser cualquier cosa.

Cada casa tiene unos espíritus diferentes y todos ellos tienen una personalidad distinta y les gustan y les disgustan unas cosas concretas. La comida es una ofrenda sencilla que se hace habitualmente en todo el mundo. En Japón, por ejemplo, la práctica de esparcir arroz en las cuatro esquinas y en el centro de un lugar concreto que se hace a un kami o a un dios se denomina *sanku*. Las ofrendas básicas de alimentos, como el sake, la sal y el agua, reciben el nombre de *shinsen*, aunque pueden ser de cualquier tipo de alimento, cocido o crudo.

Muchas ofrendas tradicionales están relacionadas con las comidas básicas que se preparan en el lar, sobre todo pan y gachas. Una forma sencilla de honrar a tus espíritus domésticos es dejarles un poco de la comida que sirvas a tu familia, ya sea en la capillita de la cocina o en algún otro lugar. La cantidad depende de lo que puedas permitirte o de lo que consideres que el espíritu va a apreciar. Si es excesiva, podría sugerirle que tienes más de lo que necesitas y que no precisas ayuda, mientras que, si es escasa, podrías ofenderlo. Una cucharada puede ser bastante. Déjala por la noche y tira lo que quede a la mañana siguiente. Aunque te parezca que no ha consumido nada, se suele decir que los espíritus absorben la energía de las ofrendas y que son muy conscientes del acto y aprecian el respeto y el reconocimiento que demuestran.

CAPÍTULO 6

La cocina como espacio sagrado

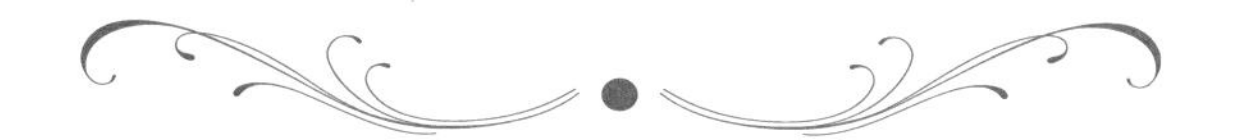

EN LAS CASAS ACTUALES, el único lugar que se parece a un lar es la cocina. Es lógico, si piensas que esta habitación desempeña un papel fundamental en la vida cotidiana porque es el lugar donde se prepara y se consume la comida. La espiritualidad de la brujería del hogar incorpora todo tipo de actividades domésticas, y la más doméstica de todas es la que se basa o se origina en la cocina. Por eso resulta lógico establecer en ella un elemento espiritual.

El poder de la cocina

Quizá te resulte difícil sacudirte el esquema mental que se nos ha inculcado en la cultura occidental por los avances tecnológicos que han tenido lugar entre mediados y finales del siglo XX. La publicidad de los años cincuenta y sesenta se dirigía una y otra vez a las esposas y madres como personas que merecían pasar más tiempo fuera de la cocina para vivir una vida «de verdad». Los inventos y las comidas envasadas destinados a acortar el tiempo que se pasaba en ella y a reducir la energía dedicada a la actividad culinaria y doméstica nos han hecho creer que es un lugar en el que no deberíamos estar.

En cierto sentido, es una pena. Sugiere que es una parte de la casa que debemos evitar, en la que debemos pasar el menor tiempo posible. Hemos llegado a considerar la preparación de la comida y la actividad doméstica como algo que hay que hacer antes de poder ponernos con otras cosas que nos satisfagan más. Como me dijo una amiga el otro día: «Tenemos que entender que llevar una casa no es solo un trabajo sino un trabajo muy válido. No es algo que se pueda meter con calzador después de las seis de la tarde. Si lo hacemos entre las nueve y las cinco no estamos minimizando otras cosas». Y tiene razón. La revolución feminista de la última mitad del siglo XX consiguió abrir el mundo laboral a las mujeres pero, por desgracia, con ello sugería que llevar una casa era una tarea inferior a trabajar en otro sitio. Cuando estableces una espiritualidad basada en el hogar, es importante que examines tus sentimientos acerca de la cocina y del trabajo que se realiza en ella. Aun en el caso de que elijas otra habitación u otra zona como lar simbólico, la función de la cocina no cambia y es tanta la actividad doméstica que se realiza en ella que tus sentimientos van a influir claramente en tu trabajo espiritual basado en el hogar.

Historia de la cocina

La cocina no ha sido siempre una habitación independiente de la casa. Originalmente no era más que un fuego para cocinar que se hacía dentro de ella, y el resto de las actividades que se realizaban a resguardo tenían lugar a su alrededor. A medida que fue evolucionando hacia una zona especializada, se convirtió en una habitación con espacios independientes para almacenar los alimentos, para los utensilios y para la actividad. Más tarde se separó aún más, cuando el espacio lo permitía, en una cocina caliente y otra fría. En la primera estaba la lumbre y el lar para asar la carne y preparar comidas calientes mientras que la segunda era un lugar con una temperatura más baja donde se guardaban o preparaban alimentos como la repostería, las mermeladas y los productos lácteos.

Las cocinas antiguas eran mayores que las que usamos hoy y abarcaban una gran variedad de tareas. Aparte de cocinar, en las casas normales se hacían también en ella multitud de trabajos más como lavar la ropa, bañarse, hacer velas, hilar y tejer, coser, preparar conservas de todo tipo, atender a los enfermos y a los niños o estudiar.

El siglo XX fue testigo del invento de muchos aparatos que ahorraban tiempo y trabajo y la cocina empezó a achicarse. Se pasaba menos tiempo en ella y las distintas actividades se resituaron en otras zonas específicamente asignadas a ellas. La tendencia a disminuir su tamaño empezó a darse la vuelta a finales del siglo. Hoy en día se han vuelto a adoptar diseños abiertos que permiten a las familias congregarse en una habitación mayor y compartir su tiempo. Las cocinas se diseñan con grandes espacios de trabajo o de relax adyacentes y rincones para el ordenador. Como se pasa menos tiempo en la casa en general, las familias intentan aprovechar al máximo el que comparten todos juntos. Es lógico que se junten en la cocina o en las zonas abiertas adyacentes mientras se prepara la comida.

El corazón de un hogar

Las cocinas han ido siempre cambiando de tamaño y equipamiento según las necesidades de cada época. Sin embargo, nunca han dejado de estar asociadas con la vida doméstica y el corazón del hogar. Es una zona comunitaria fundamental en la mayoría de las casas. Constituye un lugar de reunión, un espacio social, un punto de comunicación, un lugar donde se almacena, se prepara y se consume la comida. Y también es donde se guarda todo el equipamiento relacionado con estas actividades.

No te saltes este capítulo si tu lar físico o espiritual están en algún otro lugar de la casa. La función que desempeña la cocina en la vida cotidiana de la familia la une muy estrechamente con tu espiritualidad basada en el lar y en el hogar.

Es la única habitación de la casa en la que la actividad es constante. Hoy en día resulta menos evidente, gracias al uso de dispositivos capaces de almacenar y preparar los alimentos en una mínima parte del tiempo que antiguamente se necesitaba y por el uso tan extendido de la comida preparada y envasada. Históricamente, sin embargo, su utilización era constante. Servía como cuartel general de la casa, el lugar desde el que se dirigía su funcionamiento. Allí estaba la alacena, el sitio donde se guardaban los alimentos. En la cocina residía la lumbre, que requería una supervisión constante. En la cocina se preparaban los alimentos y se elaboraban las conservas y, en muchos casos, también se comía.

En términos de la brujería del hogar, la cocina como lugar de alimentación física es un paralelo lógico del centro espiritual de tu hogar. Si lo ves así, entonces resulta muy sensato poner en ella un altar o capillita que represente tu lar espiritual. Si está mal distribuida o te resulta estresante, pensar en lo que crea una atmósfera que conduzca más a un entorno espiritual o colocar un altar o capillita puede ayudarte a redirigir, purificar o cualquier otra cosa que haga que su energía resulte más atractiva y que tu experiencia en ella sea más alegre y satisfactoria. ¡Si la odias, debes probar al menos una vez cualquier cosa que pueda ayudarte a evitarlo! Si al final compruebas que no es en absoluto el corazón de tu hogar, la mires como la mires, no luches contra ello. Acepta el lugar hacia el que te sientas atraída. Utiliza algunas de las técnicas de este libro para hacer todo lo posible por abrirte al aspecto espiritual del trabajo que se hace en ella.

Capillitas y altares de cocina

Aunque toda tu cocina es o puede ser un espacio sagrado (véase el análisis del espacio sagrado que se hace en el capítulo 2), crear un lugar definido dentro de ella que actúe como tal puede ayudarte a centrarte en el aspecto espiritual de la brujería del hogar mientras estés usando el espacio de tu cocina de una forma práctica. Estos lugares o zonas definidas te proporcionan una especie de base, un lugar o un objeto que puedes emplear como representación del todo.

El término *altar* puede evocar el concepto de algo formal e intocable. En el uso neopagano, suele ser sencillamente un espacio físico utilizado para el trabajo mágico o para la veneración. Proporciona un espacio en el que centrarse. Una capilla es por lo general un lugar concreto establecido para honrar a una entidad o un principio.

¿Hace falta que averigües qué es lo que estás usando para tu brujería del hogar? No, la palabra no es importante. Muchas veces, tu altar o capilla será un lugar que simbolice o represente de algún modo tu conexión con una deidad o lo que para ti significa lo sagrado. Da igual cómo lo llames. En este libro se usan ambos términos para representar lo mismo: el punto especial de tu cocina (o de algún otro lugar) que has elegido para albergar objetos y símbolos significativos, que te estimula y te apoya en tu práctica espiritual.

Si tienes intención de usarlo como lugar en el que colocar objetos significativos conectados con una deidad del lar o un espíritu del hogar y en el que dejar ofrendas, probablemente sea una capilla. Si pretendes emplearlo fundamentalmente como emplazamiento de algún tipo de llama eterna y para poner elementos espirituales durante un espacio de tiempo breve mientras trabajas con ellos (elementos mágicos como saquitos o símbolos, y objetos energizados, por ejemplo), probablemente sea un altar.

Los altares pueden diseñarse para que sean más activos y con proyección, mientras que las capillas tienden a ser más pasivas y receptivas. ¿Tiene alguna importancia que no puedas definir o delimitar claramente lo que estás creando o lo que intentas hacer con ello? No. Ni tampoco si pones una de estas dos cosas y poco a poco va adquiriendo las características de la otra, o si quieres que sirva como ambas. Al final, lo que estás haciendo es crear un lugar que sirva como punto físico de referencia para tu trabajo espiritual, una puerta de acceso para tu comunicación con la Divinidad.

Un «hogar» para el hogar

Un altar o una capillita es un espacio sagrado creado, una zona que has reservado para honrar un concepto o una fuerza, a una deidad o a un espíritu, o para que represente tu conexión con la Divinidad. Ambos pueden representar emociones, compromisos o sencillamente cualquier cosa que desees o necesites. Un espacio así en el lar, el corazón espiritual del hogar, constituye una representación física formal del lar espiritual. Proporciona un «hogar» para el lar simbólico. Te hace más fácil visualizarlo e interactuar con él. A las personas les suele resultar más sencillo trabajar con una representación tangible que con un concepto abstracto, aun en el caso de que perciban con mucha fuerza su presencia. Les gusta marcar los lugares que consideran sagrados en algún sentido, en parte en honor de lo que perciben como sagrado pero también para recordar esta santidad y para crear una analogía en el mundo físico.

¿Es esencial tener un altar o una capillita de cocina? Bueno, sí y no. Está claro que puedes cultivar y conseguir un entorno espiritual si no lo tienes, pero resulta mucho más fácil si dispones de un lugar físico en el que puedas centrar tu atención una y otra vez. Un sitio en el que puedas recoger objetos especiales que simbolicen o te recuerden tu conexión con los principios sagrados de tu vida es algo muy especial. Por decirlo de una forma simple, a la mayor parte de la gente le resulta más fácil tener una representación física de lo que está sucediendo en su mente y en su espíritu. Los seres humanos se parecen en cierto sentido a las urracas, porque las cosas brillantes les atraen y les hacen sentirse bien. Es muy gratificante tener un lugar concreto donde encender velas o incienso, donde dejar pequeñísimas ofrendas a tus espíritus domésticos o al universo como acto de agradecimiento o donde colocar la primera hoja de otoño o la primera violeta de la primavera.

Una capillita o un altar de cocina no tienen por qué ser grandes. Y es una suerte, porque por lo general el espacio en esa zona de la casa suele ser bastante escaso. Es posible que algunas personas consideren ya que la encimera o la cocina es un espacio sagrado, y está muy bien. Sin embargo, uno de los beneficios de crear un único punto focal que sirva como capilla es que aísla tu trabajo espiritual o relacionado con la magia de los principales espacios de trabajo cotidiano.

Un altar independiente mantiene también separados los materiales no comestibles de los lugares donde se prepara la comida. Y, por último, evita que puedas hacerte daño con una varita de incienso prendida, una vela encendida o una lámpara de aceite. Y tampoco existe ninguna regla que estipule que solo debe haber un espacio de estos en cada cocina o en cada hogar. Si quieres poner dos o más, ¡adelante! Si creas una representación física del corazón espiritual de tu hogar, añadir una capillita de cocina no le resta nada a ese lar físico.

Diseña tu capillita

A la hora de diseñar una capilla o un altar de cocina, hay una serie de aspectos que debes tener en cuenta. En primer lugar, el sitio debe ser accesible, pero apartado del trasiego doméstico con el fin de proteger los objetos que contenga. La cocina es un lugar de mucha actividad y no conviene perturbar constantemente la zona de la capilla. Y, además, hay que tener en cuenta algunas medidas de seguridad que ya hemos mencionado. Estos son algunos de los sitios adecuados:

- Encima de la puerta (una baldita estrecha es ideal)
- Un estante en la pared
- Una serie de estantes estrechos colocados uno junto a otro a unos treinta centímetros del techo (unos plateros, por ejemplo)
- Sobre la parte más alejada de los fogones, a lo largo de la pared (quizá tengas que colocar una tabla por encima para tener una superficie más ancha; recuerda que, si los fusibles están situados allí, tendrás que mover la capilla y los objetos que contenga para acceder a ellos)
- En cestas colgantes (de alambre o de mimbre; con las de tres niveles se consiguen unas capillitas en varias alturas muy interesantes)
- En un soporte colgante para pucheros (puedes poner encima manojos de flores secas y otros objetos naturales)

Aquí tienes algunas sugerencias sobre objetos que quizá te apetezca incluir en tu capillita o altar:

- Algo que represente tu conexión con tus antepasados
- Algo que represente a tus espíritus domésticos o del lar
- Algo que represente a una deidad del lar con la que tengas una conexión o identificación especial, ya sea cultural o de cualquier otro tipo
- Algo que represente a los cuatro elementos (tierra, aire, fuego y agua) o simplemente al fuego como símbolo del lar espiritual

Crea imágenes para tu capilla

En lugar de usar objetos comprados, puedes componer imágenes que representen a los guardianes o deidades que sientas que te guían en tu cocina. También puedes elaborar representaciones de las entidades y energías a las que quieras invocar en tu lar para atraerlas en mayor número o para que te sirvan de faro.

Para este proyecto puedes emplear arcilla endurecible, que no necesita cocerse en el horno, o de la que se seca con el calor, o cualquier otra sustancia para modelar. Trabaja sobre una superficie plana cubierta de plástico o periódico para protegerla de la arcilla.

Antes de empezar, decide qué tipo de forma o figura deseas esculpir o modelar. No hace falta que sea un retrato literal del espíritu o de la deidad por la que te sientes atraída. Deja que fluya tu inspiración. Puedes coger papel y lápiz y dedicar unos minutos a bosquejar formas o ideas. Si quieres moldear una figura que represente un principio abstracto, déjate guiar por tu inspiración y tu instinto.

En este proyecto, la menta se asocia con la abundancia; la lavanda, con la paz; el clavo, con la purificación; la albahaca, con la gestión armoniosa de la casa; el romero, con la protección; la salvia, con la purificación, y la sal, con la purificación y la prosperidad. Estos elementos se eligieron por su asociación general con temas comunes en la práctica de la espiritualidad del hogar. Si conoces otras hierbas cuyas energías te parezcan más apropiadas para los espíritus o el objetivo que hayas elegido, empléalas.

Necesitarás:

- Una vela, un candelabro
- Cerillas o un encendedor
- Arcilla endurecible o que se seque con el calor (aproximadamente, el tamaño de tu puño) del color que elijas

- Un pellizco de menta seca
- Un pellizco de lavanda seca
- Un pellizco de clavo molido
- Un pellizco de albahaca seca
- Un pellizco de romero seco
- Un pellizco de salvia seca
- Un pellizco de sal
- Un platito para las hierbas
- Herramientas para trabajar la arcilla (palillos, brochetas)
- Un platito de arroz o de sal

1. Permanece sentada en silencio durante unos momentos para aclarar tu mente. Respira hondo tres veces para soltar toda la tensión física y mental posible con cada exhalación.
2. Enciende la vela diciendo:

   Llama sagrada,
   bendice mi trabajo con tu luz.

3. Trabaja la arcilla para ablandarla. Mientras lo haces, visualiza que brilla con la energía de la deidad, el espíritu o el principio que deseas que represente en tu altar o capilla. Cuando esté blanda, aplástala con las manos.
4. Mide las hierbas y la sal y ponlas en el platito. Sostenlo en tus manos y di:

   Hierbas,
   invoco vuestras cualidades de protección,
   paz, armonía, purificación, abundancia y prosperidad.
   Que bendigan siempre mi lar
   y que todos los que viven en esta casa conozcan la buena suerte,
   la salud y el amor.

5. Sostén el platito de las hierbas delante de la vela para que la luz de la llama brille sobre ellas. Di:

   Llama sagrada,
   bendice estas hierbas.

6. Espolvoréalas uniformemente sobre la arcilla aplastada. Enrolla y forma una bola. Vuelve a amasarla para que las hierbas se distribuyan uniformemente por todas partes.
7. Empieza a formar algo que se aproxime a la idea que tienes de la figura. Cuando tengas la forma básica, alísala. Ve añadiendo detalles con un palillo o una brocheta.
8. Déjala en un lugar seguro para que seque. Si tiene zonas muy gruesas, es posible que necesite más tiempo para hacerlo del todo. Ve dándole la vuelta para que se seque por igual por todas partes.
9. Cuando la figura se haya endurecido, puedes pintarla o dejarla tal cual (es habitual que en el paquete de la arcilla se aconseje qué tipo de pintura se debe usar).
10. Colócala en tu capilla. Pon junto a ella un platito con sal, arroz, aceite de oliva o alguna otra ofrenda. Con tus propias palabras, da las gracias a la deidad, al espíritu o al principio por sus bendiciones y pídele que permanezca siempre junto a tu lar y que bendiga tu hogar.

Pon capillitas por todo tu hogar

Toda esta información sobre los altares y las capillas se puede aplicar a cualquier habitación de la casa. Si tienes la suerte de disponer de una chimenea, prueba a usar la repisa como capilla en la que poner las cosas que consideras sagradas. Las fotos familiares, las piezas artísticas originales, las velas, los espejos, los colores y texturas y las estatuillas o figuritas pueden evocar sensación de hogar y de conexión con los principios sagrados de tu vida y con la Divinidad. Plantéate la posibilidad de convertirla en un altar familiar y deja que todos los miembros expresen su opinión. Sea cual fuere el lugar en el que esté situado el corazón espiritual de tu hogar, un altar o una capillita pueden confirmarlo y hacer que lo sientas más real. Todas estas sugerencias pueden aplicarse o cambiarse fácilmente para crear una capilla en cualquier otro lugar de la casa.

Las capillas y los altares no tienen por qué ser permanentes. Puedes poner uno para un acontecimiento concreto, para un periodo de tu vida o para una estación. Puedes colocarlo en cualquier lugar de la casa. El bello libro de Denise Linn *Altars: Bringing Sacred Shrines Into Your Everyday Life* es un recurso muy inspirador para esta actividad, lo mismo que el de Jean McMann *Altars and Icons: Sacred Spaces in Everyday Life*. Ambos están ilustrados a todo color y muestran la amplia variedad de formas en las que la gente reúne, coloca y sitúa muestrarios sagrados que reflejan y honran determinados ideales, principios, hitos o seres queridos.

Cómo actuar de manera consciente en la cocina

Si la cocina actúa como lar espiritual moderno, resulta lógico que todas las actividades que se realicen en ella tengan la capacidad de aplicarse con fines espirituales. De todas formas, no es algo tan sencillo como declarar que cualquier cosa que se haga en ella es espiritual. Aunque vivir nuestra vida es una empresa sagrada, resulta difícil defender que sacar la basura pueda considerarse como tal. La clave es mantener una mentalidad espiritual mientras se realizan determinadas tareas.

Si afirmamos que cada momento tiene el potencial de ser espiritual, entonces lo que se necesita es un método para manifestar esa posibilidad. Podemos conseguirlo llevando a cabo una acción de manera consciente.

Hacer algo con consciencia es lo que se conoce también como estar plenamente presente en el momento. No es estar pensando en lo que ha sucedido antes del presente ni en lo que tienes que hacer a continuación sino conceder a la tarea o a la situación que tienes entre manos toda tu atención y permitir que se desarrolle sin forzarla ni insistir en que se produzca de una forma o de otra. ¿Por qué se considera algo deseable? El beneficio principal de estar presente es que genera menos estrés. Podemos decir incluso que carece relativamente de él porque no hacemos hincapié en «Oh, no, me he olvidado de hacer algo» ni nos angustiamos por lo que tenemos que hacer después. Por eso es una postura más positiva. Este estado resulta también más receptivo para la energía de sanación o rejuvenecimiento que te puede aportar tu lar espiritual Estar en el momento te ayuda a apreciar la sensación que te transmite tu hogar y el efecto que tu lar espiritual produce en las personas que se encuentran en él.

Quizá el principio más importante para actuar de manera consciente es realizar una tarea cada vez. En el mundo actual, hacer muchas es algo casi instintivo, pero debes combatir el impulso de hacer tanto como puedas al mismo tiempo. Es imposible prestar toda tu atención a algo si ya la estás repartiendo entre distintas tareas. Si te permites centrarte en una sola, puedes absorber toda la información posible acerca de ella y abrirte a las energías espirituales que conlleva y maximizar sus posibilidades de beneficiarte.

Estar en el momento parece fácil. Sin embargo, si alguna vez lo has probado, habrás comprobado que no es tan sencillo. Aquí tienes unas cuantas sugerencias que te ayudarán a conseguirlo:

- **Sé consciente de tu entorno.** ¿Qué sonidos estás oyendo? ¿Cómo es la luz? ¿Qué olores hay a tu alrededor? Esto te ayuda a anclarte en el mundo real que ya está a tu alrededor en este momento.

- **Sé consciente de ti misma.** ¿Cómo sientes tu cuerpo físico? ¿Qué textura tienen las ropas que rozan tu piel? ¿Cómo te sientes físicamente por dentro? ¿En qué estado emocional estás? No juzgues ninguna de estas cosas; limítate a aceptarlas tal y como son.
- **Imagina que estás viendo por primera vez lo que tienes delante.** Accede a ello con ojos nuevos. No te limites a aceptar lo que ves; obsérvalo y date permiso para absorber los detalles en lugar de dar por supuesto que sabes lo que hay porque lo ves todos los días.
- **Respira hondo y despacio al menos tres veces.** Es una técnica que suele usarse para facilitar el enraizamiento o para reconectarse con la energía de la tierra. Nos ofrece también el beneficio extra de que constituye una buena inyección de oxígeno para los pulmones que, a su vez, oxigenan la sangre.

No resulta práctico centrarse conscientemente en cada uno de los movimientos que haces a lo largo del día y considerarlos como algo espiritual. Si lo hicieras, lo más probable es que te volvieras un poco loca por toda la presión y las repercusiones que notarías. Por regla general basta con entrar en contacto con tu lar espiritual una vez al día y pedir la bendición de todo aquello que hagas a lo largo de la jornada.

Convierte algunos momentos en algo especial

Aunque resulta muy difícil hacer que todas las acciones sean espirituales, puedes marcar conscientemente algunas de ellas. Preparar una comida, por ejemplo, o recoger la cocina son unos ejemplos estupendos de acciones que pueden reconocerse conscientemente como espirituales. Es muy útil aseverarlo antes de cada parte de la tarea. Una forma muy buena de hacerlo es lavarse las manos. El agua se considera un elemento purificador, aparte de la asociación física básica de limpiar con agua y jabón. Hacerlo de manera consciente es un desencadenante estupendo para señalar el comienzo de un acto espiritual. Proporciona también un método para reconectarte con tu lar espiritual a lo largo del día porque es algo que hacemos a menudo y que puede recordarte que debes hacer una pausa y acudir a él para ponerte en contacto con el poder que contiene, para recuperarte o para renovarte. Considera el acto de lavarlas como una preparación física, emocional, mental y espiritual para una actividad espiritual.

Aquí tienes un ejemplo de cómo usar el lavado de manos como desencadenante espiritual.

1. Céntrate en estar en el momento.
2. Abre el grifo y deja que el agua corra por tus manos. Visualiza que se lleva cualquier energía negativa o no deseada.
3. Enjabónate y lávate las manos sin dejar de estar en el momento. Observa las sensaciones que provoca el jabón sobre tu piel, cómo sientes el roce de una piel jabonosa sobre otra.
4. Aclárate. Haz tres respiraciones profundas y lentas soltando, al exhalar, toda la tensión o estrés que puedas tener.
5. Sécate con una toalla limpia.

Si quieres, mientras te estás lavando las manos puedes pronunciar una pequeña oración creada por ti o hablar desde el corazón.

Al ir dando estos pasos de forma consciente y reconociendo que lavarte las manos es un acto espiritual, estás indicando a tu mente consciente y subconsciente que consideras que lo que estás a punto de hacer es importante.

Es también una forma estupenda de empezar y terminar el día. Te proporciona una oportunidad de estar callada y quieta durante unos momentos y de reconocer la santidad del corazón espiritual de tu hogar. Es un momento de honrarlo con respeto y de hacer lo mismo contigo misma como elemento fundamental de ese lar. Hacerlo al comenzar el día es una forma de abordar la jornada con apertura y agradecimiento; justo antes de acostarte, antes de apagar la luz de la cocina, es un modo de dar las gracias en silencio a tu lar.

Cómo incorporar la espiritualidad a tu cocina

Parte del truco de mantener una práctica espiritual basada en el hogar es acordarte frecuentemente de que tu vida cotidiana es ya una actividad espiritual. La mejor forma de hacerlo es establecer un conjunto de rituales diarios, unas actividades domésticas que se independizan de las demás porque son ceremoniales en algún sentido y porque se hacen con consciencia e intención. No estamos hablando de ceremonias rituales en toda su extensión en la cocina (¡aunque, si quieres hacer algo así, adelante!). Tareas habituales, como preparar el café o poner la mesa, son una oportunidad estupenda para conectar una acción con un pensamiento o acto espiritual. No hace falta que sea complicado. Puede ser tan básico como usar la tarea para recordar que lo que estás haciendo es espiritual, al igual que todo lo demás que haces durante el día y por la noche.

A continuación te aconsejo algunas prácticas para añadir más consciencia espiritual a las actividades que realizas en la cocina.

- **Medita**: La meditación puede ser algo tan simple como sentarse en una cocina recogida (o, al menos, libre de migas, zumo derramado y pilas de platos en el fregadero) con una taza de té, hacer una serie de ejercicios para relajar el cuerpo y luego sencillamente abrirte a la energía de la habitación y de tu hogar. Puedes elegir algo en lo que pensar o simplemente dejar vagar la mente.

- **Haz ofrendas**: Si tienes un altar o una capillita en la cocina, ponte en contacto con él al menos una vez al día. Las ofrendas no tienen por qué ser nada ostentoso: un pellizco de una hierba que hayas estado usando para condimentar un guiso, una vela, incluso un simple roce y un «gracias por estar aquí» susurrado pueden servir.
- **Convierte las tareas domésticas en algo espiritual reconociendo su aspecto sagrado**: Si estás fregando los cacharros o pasando la mopa, piensa que estás eliminando la negatividad para revelar el objeto puro y libre que tiene debajo. Fregar la cocina es como fregar un templo: un lugar en el que se venera y que limpias por respeto a la deidad o principio que estás honrando.
- **Prepara la comida conscientemente**: En lugar de echar cualquier cosa en el plato, dedica ese tiempo a estar en el momento mientras lo preparas (en el capítulo 9 encontrarás más información sobre esto).
- **Consume la comida conscientemente**: Algunas de nosotras podemos asociar bendecir la mesa antes de comer con la disciplina que nos imponían nuestros padres, pero es una idea preciosa. Un ejemplo de esto es la práctica sintoísta japonesa de dedicar unos momentos antes de comer a dar las gracias a las personas que han criado, cosechado, transportado o participado de algún modo en llevar la comida desde su estado natural hasta tu mesa. Aunque sea algo tan simple como «Bendice las manos que han tocado esta comida», este tipo de frases pronunciadas como agradecimiento silencioso te aportan un momento de reconexión con el mundo que te rodea y con la energía que emite.

- **Limpia las encimeras**: Cuando limpies las encimeras por la noche, piensa que estás eliminando todo el revoltijo de pensamientos y sucesos que han acontecido a lo largo del día para dejar tanto tu lar como tu mente tranquilos y equilibrados.
- **Enciende una vela**: El acto de encender una vela tiene algo de tranquilizador y espiritual. Resulta especialmente apropiado para una persona que practique la brujería del hogar porque la llama tiene mucho simbolismo en esta práctica. Puedes elegir un candelabro especial y colocarlo en tu capilla de la cocina o en algún otro lugar concreto y encender la vela antes de empezar a trabajar. A la hora de elegir su emplazamiento, ten en cuenta las medidas de seguridad. Cuando la enciendas, visualiza o di en voz alta una bienvenida a la esencia de la llama y la bendición que concede a tu lar. Si las velas no son lo tuyo o te apetece probar algo diferente, consulta la sección siguiente sobre lámparas de aceite.

Lámparas y llamas sagradas en la cocina

Como la llama es una de las representaciones más comunes de lo sagrado, sobre todo en la espiritualidad relacionada con el lar, encender una vela o algún otro tipo de lámpara es algo natural si deseas tener una representación física de tu lar espiritual en la cocina. Como ya mencionamos en el capítulo 2, muchos templos, iglesias y santuarios utilizan una llama eterna para simbolizar la presencia de la Divinidad.

Las velas son muy bonitas, pero hay que sustituirlas frecuentemente y el calor de la cocina, así como las corrientes que genera el movimiento del calor, pueden hacer que no se quemen por igual o incluso dañarlas, dependiendo de dónde las coloques. Además, la llama desnuda puede ponerte nerviosa. Una buena solución a estos problemas es usar una lámpara de aceite tipo quinqué (de queroseno o de parafina, por ejemplo). Este tipo de lámparas están alimentadas por un aceite líquido contenido en la base. Desde él sube una mecha de tela o de otro tipo de fibras hasta la boca de la lámpara y la llama arde en la punta. Por capilaridad, el combustible está constantemente subiendo por ella. Por lo general, la llama de este tipo de lámparas está protegida por un fanal de vidrio que permite que la luz se vea y se proyecte hacia la habitación pero la protege de las corrientes de aire. La altura de la llama puede ajustarse mediante un tornillito que sube y baja la mecha, con lo que aumenta o disminuye la cantidad que queda expuesta por encima del combustible de la base.

Existen otro tipo de lámparas a las que a veces denominamos las de Aladino, aunque su nombre correcto es *dipa* (literalmente, 'lámpara'). Son de origen hindú y están fabricadas con un recipiente ovalado de arcilla con un extremo alargado que forma un pequeño canal en el que se coloca una mecha de algodón torcido que extrae el aceite del recipiente para alimentar la llama que arde en el otro extremo, en la punta de la boca. En el otro lado suelen tener un asa. Las que se encienden en los templos pueden ser unos objetos impresionantes de latón con forma de candelabros que sostienen unos platillos llanos en los que se colocan las velas y en los que arde una mecha en cada uno. En este tipo de lámparas se quema aceite de oliva o de algún otro tipo que sea viscoso y que, aunque se vierta, no se prende sino que se extiende y la llama se apaga.

Puedes hacer una lámpara de aceite sencillísima con un plato resistente al calor y un cordón fino de algodón como mecha. Corta unos siete centímetros de cordón (tres pulgadas) y ata un nudo en la mitad. Recórtalo hasta que tengas un par de centímetros y medio por un lado (una pulgada) y un centímetro y medio (media pulgada) por el otro. Coge un cuadradito de papel de aluminio de algo menos de un centímetro de lado (un cuarto de pulgada), hazle un agujerito con una chincheta o una tachuela e introduce por él el cordón atado de manera que el nudo quede en la parte superior. Dobla ligeramente las esquinas del cuadrado de papel de aluminio para darle forma de platillo. Colócalo sobre el aceite del plato con el nudo hacia arriba. Espera unos minutos para que el cordón absorba aceite y luego enciéndelo. Recorta la mecha lo necesario para que no humee y para obtener la mejor llama.

Crea tu propia lámpara

Puedes hacer una lámpara con cualquier tipo de recipiente que esté fabricado con un material no inflamable. Esto te da la oportunidad de diseñarla de manera que refleje los objetivos espirituales para los que vas a usarla. Prueba a hacer un plato de arcilla dándole la forma o el estilo que desees o que te sientas inspirada a moldear. Sécalo, esmáltalo para sellar la superficie interior y cuécelo en el horno (busca grupos o tiendas de cerámica que haya en tu localidad y que puedan ofrecerte este servicio o ayudarte a hacer el plato en sus instalaciones. Las escuelas locales también ofrecen a veces clases o talleres vespertinos).

Puedes experimentar con los siguientes materiales para encontrar la mecha perfecta para tu lámpara casera. En todos los casos asegúrate de que esté completamente confeccionada con algodón puro:

- Mechas enceradas para velas (asegúrate de que no tienen un alambre metálico por dentro)
- Carretes de mecha trenzada redonda o cuadrada para velas
- Guata de algodón retorcida sin apretar para darle forma de mecha
- Cuerda de cocina de algodón

Asegúrate de poner un plato debajo de la lámpara si la mecha está tumbada sobre el borde del recipiente; la capilaridad que la alimenta puede hacer gotear el aceite.

Las lámparas de aceite y la Divinidad

Encender una lámpara de aceite cuando estás trabajando en la cocina es una forma muy bonita de simbolizar que eres consciente de la presencia de la Divinidad. Puedes hacerlo antes de cada sesión o al levantarte por la mañana. Por seguridad, debes apagarla antes de salir de casa. Al hacerlo, pronuncia una oración o algo tan sencillo como «Aunque apago la llama física, la espiritual sigue ardiendo tanto en la capilla como en mi corazón». Dilo cada vez que la apagues y expresa una afirmación similar cuando vuelvas a encenderla al regresar a la cocina: «Vuelvo a encender físicamente esta llama sagrada que refleja la espiritual que arde constantemente en esta capilla y en mi corazón».

Cuando la enciendes nada más levantarte, resulta más apropiado emplear una oración más comprometida, algo parecido a esto:

Llama sagrada, símbolo de pureza y de vida,
te enciendo en este momento e invoco tu santidad.
Desciende sobre los miembros de esta casa y sobre esta habitación.
Bendice a todas las personas que entren en ella.
Concédenos paz, salud, protección y alegría.
Te doy las gracias, llama sagrada, por tus muchas bendiciones.

Al acabar el día, apágala. Esto se asocia con el tapado tradicional del lar, cuando se cubren los carbones y las ascuas para mantenerlos vivos pero protegidos y así poder encender la lumbre fácilmente a la mañana siguiente (véase el capítulo 2). Puedes pronunciar una oración como esta:

Llama sagrada, símbolo de pureza y vida,
apago tu forma física, aunque nunca tu santidad.
Estamos agradecidos por tus muchas bendiciones.
Mantén a nuestra familia y a nuestro hogar a salvo durante toda la noche.
Te doy las gracias, llama sagrada, por tus muchas bendiciones.

El cuidado de tu lámpara

La lámpara de aceite te aporta un recordatorio visible del lar espiritual. Cuidar de ella puede ser un acto muy satisfactorio que te implica con la actividad física y, al mismo tiempo, cumple una función espiritual. Aquí tienes algunas de las cosas que debes tener en cuenta para su cuidado y su funcionamiento.

El combustible básico que se utiliza es el queroseno, un líquido transparente y poco denso. Es como agua pero con una ligera sensación grasienta. Por lo general se venden dos clases: queroseno y aceite de parafina. El aceite de parafina puro es un queroseno refinado que arde produciendo muy poca ceniza y olor, por lo que es una buena elección para las lámparas de mecha que se utilizan dentro de casa (no es la parafina sólida licuada). Utiliza siempre el aceite más puro que puedas permitirte o encontrar para minimizar los subproductos peligrosos para la salud que se transportan por el aire. No emplees nunca otros combustibles o aceites que no sean apropiados para el uso en interior porque el humo que generan puede ser tóxico. Evita comprar aceites coloreados o perfumados porque el humo que producen al arder los aditivos que le dan color y aroma puede ser perjudicial si se respira. Mantén siempre las lámparas de aceite y el combustible lejos del alcance de los niños.

Como norma general, los aceites menos densos, con una consistencia o viscosidad similar a la del agua, son los mejores para las lámparas cerradas tipo quinqué mientras que los más densos, como el de oliva y el de ricino, son excelentes para las tipo *dipa*.

Las lámparas de aceite de oliva resultan especialmente apropiadas para este fin, mejores que las de parafina. ¿Por qué vas a usar un combustible fósil si puedes quemar otro vegetal que probablemente ya tengas en la cocina? Además, quemar el aceite puede considerarse una ofrenda, con lo que se une de una forma muy agradable la lámpara de aceite con la idea de las ofrendas a los espíritus del lar. El aceite de oliva es más viscoso que el queroseno y la capilaridad que hace ascender el combustible por la mecha en una lámpara cerrada tipo quinqué no tiene fuerza suficiente para alimentar la llama. Por tanto, si quieres usar uno viscoso como combustible para una llama de presencia, plantéate la posibilidad de emplear una *dipa* o una lámpara de plato.

Es importante mantener la mecha bien recortada (despabilada) para que el aceite no se apelmace en ella y ralentice o impida la capilaridad. En aquellos lugares en los que el aceite de oliva se importa desde países lejanos, se puede poner la objeción ética del transporte y el combustible empleado para llevarlo y, por tanto, se pueden emplear otros aceites vegetales, como el de coco, el de ricino, el de palma o el de almendras dulces, aunque su grado de éxito y la brillantez de la llama que dan varía. En la India se empleaba mantequilla clarificada porque la cultura hindú considera sagradas a las vacas y, de este modo, se hacía una ofrenda de productos lácteos.

CAPÍTULO 7

Recurre a la brujería del hogar para proteger tu casa

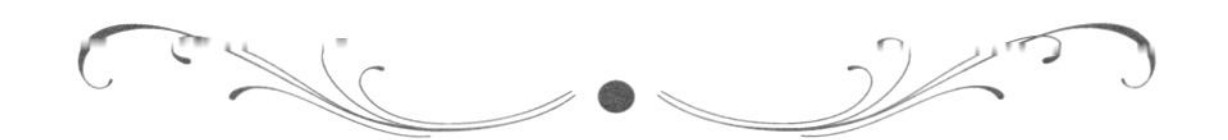

UNO DE LOS OBJETIVOS PRINCIPALES de la magia del lar es la protección tanto de las personas como de las posesiones. El hogar es la raíz de la energía y la espiritualidad de tu familia. Si trabajas para honrarlo y reforzarlo y para hacer que sea lo más apacible y espiritualmente nutritivo para ti y para tu familia, resulta lógico protegerlo de daños o ataques. La protección y la purificación son dos de los conceptos más importantes de este tipo de espiritualidad. Este capítulo se centra en cómo mantener una energía limpia y equilibrada dentro del hogar, cómo limpiar y purificar la atmósfera, cómo afrontar las amenazas y cómo levantar defensas mágicas.

Protege tu casa a nivel espiritual

El sentido común dicta que debes defender físicamente tu hogar con cierres seguros, vallas altas con puertas con cierre, sistemas de seguridad, ventanas con cierre y demás. Hecho esto, sin embargo, hay muchas otras cosas que puedes poner en práctica para protegerlo espiritualmente.

Es importante vigilar la energía. La mejor forma de hacerlo es estar familiarizada con la que tiene habitualmente para así poder identificar los cambios o las zonas problemáticas que haya que atender. Por eso es crucial que seas consciente de la de tu hogar. Es importante que conozcas sus fluctuaciones naturales, sus ciclos y respuestas a los estímulos naturales y medioambientales para identificar y gestionar las alteraciones y los problemas.

Hazte el propósito de conocer cada rincón de tu hogar, incluso (o quizá sobre todo) las zonas que no frecuentas, como aquellas donde guardas cosas, los rincones del garaje, el desván y demás. No te olvides de las que tienen poca altura, si es que las hay, o de las cámaras accesibles a través de trampillas o escotillas en el techo. Si tienes un cobertizo o algún tipo de edificación adosada a un lateral o a la parte trasera de la casa, conoce también su energía. Caminar físicamente por estas zonas te permite poner en contacto su energía con la tuya y, de este modo, percibir mejor las sensaciones que te produce e interactuar directamente con ella.

Evalúa la energía de tu hogar

Aquí tienes un ejercicio que puedes hacer para tener una buena sensación general de cómo es la energía de tu hogar. Es muy conveniente hacerlo una vez al año o con más frecuencia si estás en un barrio de mucho ajetreo, si entran y salen muchas personas o si notas mucha agitación emocional.

En primer lugar, haz una lista de todas las habitaciones y zonas de conexión de tu casa y de aquellas que linden directamente con ella. Camina físicamente por toda la casa y toma nota de todos estos lugares. Esta visita te ayudará a ver y recordar todos los sitios pequeños que podrías dejar olvidados. Probablemente puedas hacer mentalmente una lista de todas las habitaciones principales (cocina, cuarto de estar, dormitorios, cuarto de baño) pero, si vas de una a otra, quizá te des cuenta de que has olvidado el pasillo, las escaleras que suben al segundo piso o el zaguán que hay entre la puerta y la entrada, por ejemplo.

No te olvides tampoco de las despensas, alacenas y armarios para la ropa blanca. Todos estos espacios son independientes y cumplen funciones determinadas. Si tienes una casa diáfana o una habitación grande separada en zonas con distintas funciones (una mesa de trabajo, una zona de costura y otra para la televisión, por ejemplo), al hacer la lista, especifica todas ellas (escribe «sala: televisión», «sala: zona de costura»). Es importante conocer la función que realiza cada una de las habitaciones porque eso influye en la energía que producen y en la que contienen. También la falta de concordancia entre la función que habías previsto para ellas y el fin que cumplen realmente puede provocar una energía distorsionada. Analizarlo te ayudará a reenfocar la energía de la habitación y retirar lo que la afecte negativamente.

Haz una lista como esta:

1. Nombre de la habitación:
2. Fecha:
3. Habitaciones adyacentes:
4. Orientación:
5. Uso:
6. Observaciones energéticas:
7. Sugerencias o recomendaciones:
8. Miscelánea:

Cuando tengas tu lista, elige una habitación y vuelve a ella. Ve repasando cada uno de los puntos y toma notas.

Nombre de la habitación y fecha

Esto parece evidente pero, como vas a guardar las notas para consultarlas más adelante, aunque en este momento tienes la información muy fresca en la memoria, te garantizo que, después de hacerlo, quizá no recuerdes cuándo lo apuntaste. Después de la fecha escribe el tiempo que hace, la fase de la luna, el día de la semana, la hora del día o cualquier otra información que consideres interesante o que creas que puede afectar a la lectura energética que vas a hacer. Es tanto una forma de evaluar tu interacción con la energía de tu hogar como una evaluación de la propia energía. Más adelante te resultará útil repasar estos papeles y darte cuenta de que no eres capaz de evaluar con claridad cuando hay luna llena, por ejemplo.

Habitaciones adyacentes y orientación

Cuando escribas tus notas, no te olvides de poner qué habitaciones hay encima y debajo de aquella en la que estás. Su energía influye también en la de esta. La orientación te ayuda a situarla aún mejor. ¿Da al oeste o al nordeste? Puede ser un dato importante si hay algo como un gran centro comercial o una masa de agua en una dirección u otra. Estos espacios tienen unos campos de energía grandes que también pueden influir sobre tu hogar y a menudo producen un efecto mayor en las habitaciones que están más cerca. Cuando hayas terminado, observa qué habitaciones son anexas y qué tipos de energías interactúan a través de la pared o del suelo. Si vives en un piso, lo más probable es que tu vecino no te deje entrar en su casa para «percibir la energía» de la habitación contigua a tu pared. Los pisos son harina de otro costal. Supón que la energía del otro lado es neutra o mala y levanta las correspondientes barreras y escudos. Mejor prevenir que curar.

Uso

¿Para qué se utiliza la habitación? Estos lugares tienen el hábito interesante de adaptarse a las necesidades de una familia y su uso original se ve a menudo modificado a medida que estas van cambiando. En primer lugar, apunta para qué se supone que debería usarse (¿biblioteca?, ¿cuarto de estar?, ¿despacho?, ¿cuarto de juegos?). A continuación, anota qué es lo que realmente sucede en ella (¿videojuegos?, ¿ver la televisión?, ¿planchar?, ¿deberes escolares?). A veces, la energía de una habitación conduce a un uso distinto a aquel que planeaste cuando te mudaste a esa casa.

Observaciones energéticas

¿Qué sensaciones te produce la habitación? Si caminas hasta el centro y cierras los ojos, ¿cómo te afecta en términos emocionales? ¿Te sientes relajada, tensa, enfadada, adormilada? Abre los ojos y observa qué sensaciones te produce con la información visual añadida. Anota ambas. Camina por ella y comprueba si cambian de un lugar a otro. Dentro de la energía general de una habitación es frecuente que haya varias acumulaciones más fuertes en un sentido o en otro. Dibuja un mapa de estas percepciones energéticas.

Sugerencias y recomendaciones

Pueden ser espirituales, mágicas o físicas. ¿Deberías cambiar los muebles de sitio? ¿Retirar algo? ¿Añadir algo? ¿Variar los colores? ¿Cambiarla con otra para utilizar mejor las energías de cada una? ¿Deberías añadir una determinada energía elemental para equilibrar un exceso o una falta de un elemento concreto? ¿Está indicada una purificación inmediata para limpiarla de algo negativo?

Miscelánea

Utiliza este apartado para anotar todo aquello que no encaje en los otros. ¿Hay algo en ella que tengas que reparar? ¿Algún recordatorio que quieras hacerte? Repasa tus notas. Deberías tener básicamente una instantánea de la energía de tu hogar tal y como está en el momento presente. Puedes usarla como referencia cuando percibas algo raro o diferente.

Establece límites de energía

Establecer barreras o límites energéticos es una buena forma no solo de vigilar lo que está sucediendo en todo momento con la energía de tu hogar sino también de controlar la que entra en ella. El umbral es un lugar lógico para poner una barrera espiritual. Al ser la entrada y salida natural de tu casa, puede servir como filtro o barrera para la energía no deseada. También debes proteger las ventanas porque son alternativas fáciles a las puertas.

Ritual de protección del umbral de la puerta de entrada

El umbral de la puerta de entrada es un lugar mágico porque no está ni en el interior de la casa ni en el exterior y, sin embargo, forma parte de ambos espacios. Usarlo como foco para un hechizo de protección es la primera defensa. Este ritual no solo lo limpia sino que le aporta también el poder de actuar como filtro que permita la entrada de energía positiva a la casa y mantenga fuera la negativa o perturbadora.

De este modo creas una barrera protectora anclada al umbral de tu casa. Si tienes más de una entrada de uso habitual, hazlo en la que utilices más y luego en la secundaria.

Vas a necesitar:

- 1 taza de agua
- ½ taza de vinagre
- 1 cucharada sopera de sal
- 1 cucharada sopera de zumo de limón
- Un cuenco o un cubo
- Un paño
- Salvia para sahumerios (o salvia seca suelta)
- Cerillas o encendedor
- Un incensario o un plato resistente al calor
- Aceite para sellar (véase el capítulo 11, o usa una cucharada sopera de aceite de oliva con un pellizco de sal)
- 3 dientes de ajo

1. Mezcla el agua, el vinagre, la sal y el zumo de limón en un cuenco o en un cubo. Moja el paño con esta agua y limpia el umbral y el marco de la puerta. Hazlo a conciencia: frota el umbral por dentro y por fuera y haz lo mismo con el marco y la puerta.
2. Prende la vara de salvia para sahumerios y muévela alrededor del marco agitando el humo para que alcance la zona por dentro y por fuera. Ponla en un incensario o en un plato resistente al calor y deja que siga ardiendo hasta que hayas terminado el ritual.
3. Moja tu dedo índice con el aceite para sellar y dibuja una línea ininterrumpida alrededor de la parte exterior del marco de la puerta. Si fuese necesario, vuelve a mojarlo, pero empieza a dibujar la línea justo donde la dejaste o un par de centímetros antes para asegurar su continuidad. Mientras lo haces, di:

Ningún mal o enfermedad pueden cruzar este umbral.
Con esto impido que entren.
Mi hogar es sagrado y está protegido.

4. Vuelve a humedecer el dedo con el aceite. Apóyalo sobre el rincón superior izquierdo del interior del marco y dibuja una línea en el aire hacia abajo y cruzando el umbral hasta tocar el rincón inferior derecho. Vuelve a mojarte el dedo, apóyalo en el rincón superior derecho y dibuja otra línea en el aire hacia abajo hasta el rincón inferior izquierdo. Humedece tu dedo con el aceite una última vez y apóyalo en el centro del dintel, por encima de la puerta, y dibuja una línea en el aire que descienda hasta la mitad del umbral. Mientras lo haces, vuelve a decir:

   Ningún mal o enfermedad pueden cruzar este umbral.
   Con esto impido que entren.
   Mi hogar es sagrado y está protegido.

   Este símbolo es un hexefus, una combinación de las runas Isa (una línea vertical) y Gebo (una x). Gebo representa los intercambios de energía u objetos materiales, e Isa, un estado estático (se traduce como 'hielo'). Al dibujarlas juntas en esta forma de runas ligadas, Isa «congela» el estado de tu hogar y tus posesiones y los protege de intrusiones físicas o de cualquier otro tipo.
5. Coge tres dientes de ajo. Toca cada uno de ellos con un dedo mojado en el aceite. Entiérralos debajo del umbral o del escalón de entrada o lo más cerca posible de ellos. Debes poner uno en cada extremo del escalón o del umbral y el tercero en el centro. Mientras lo haces, vuelve a decir:

   Ningún mal o enfermedad pueden cruzar este umbral.
   Con esto impido que entren.
   Mi hogar es sagrado y está protegido.

Si quieres, puedes adaptar este ritual y aplicarlo también a las ventanas. Entierra un solo diente de ajo en el suelo debajo de cada una de ellas.

Protecciones

Una protección es algo que protege o que defiende. Cuando se utiliza en conexión con una casa o un hogar, «proteger algo» significa establecer un sistema autónomo de guarda.

Un aviso sobre protecciones y barreras: si estás impidiendo la entrada de algo, también estás impidiendo que otra cosa salga. Resulta saludable bajar las protecciones y barreras de vez en cuando para permitir que aquello que se ha quedado atrapado dentro pueda moverse y airear el sitio, por así decirlo.

Tienes que comprobar regularmente tu protección. Cuando levantamos un muro alrededor de una ciudad para defenderla, si no lo recorremos de vez en cuando y comprobamos su estado, puede llegar a desmoronarse, debilitarse o sufrir los daños provocados por el tiempo o las enredaderas. No puedes sencillamente levantarlo e ignorarlo. Hay que renovarlo de vez en cuando. La frecuencia con que lo hagas dependerá del tipo de barrio en el que vivas.

Cómo construir una protección

Aquí tienes una buena protección básica para tu hogar. Tienes que renovarla frecuentemente. Entre dos y cuatro veces al año está bien. Intenta vincularla con los cambios de estación. Si notas que ha resultado dañada de alguna forma, échala abajo (consulta la siguiente sección) y vuelve a reconstruirla.

Vas a necesitar:

- Una vela en un candelabro
- Cerillas o encendedor

- Un plato de agua
- Un plato de tierra (puedes usar sal pero, como la vas a espolvorear sobre el terreno, no resulta aconsejable)
- Incienso (el que prefieras)
- Incensario

1. Enciende la vela. Desde el umbral de la puerta de entrada, da una vuelta por fuera a la casa llevando la vela delante de ti. Mientras caminas, di:

Construyo esta barrera con fuego.

2. Repite la frase mientras vas caminando alrededor de todo el edificio. Visualiza el camino que la llama va trazando en el aire como si fuese una banda de energía. Cuando llegues de nuevo al umbral de la puerta, deja la vela en el suelo.
3. Coge el plato de agua y vuelve a dar la vuelta al edificio sumergiendo los dedos en el agua y esparciéndola mientras caminas. Ve diciendo:

Construyo esta barrera con agua.

4. Repite la frase mientras rodeas edificio. Visualiza el camino que el agua va trazando en el aire como si fuese una banda de energía. Cuando llegues de nuevo al umbral de la puerta, deja el plato en el suelo.
5. Coge el plato de tierra y vuelve a dar la vuelta al edificio introduciendo los dedos en ella y espolvoreándola mientras caminas. Ve diciendo:

Construyo esta barrera con tierra.

6. Repite la frase mientras vas caminando alrededor del edificio. Visualiza el camino que la tierra va trazando en el aire como si fuese una banda de energía. Cuando llegues de nuevo al umbral de la puerta, deja el plato en el suelo.

7. Prende el incienso y vuelve a dar la vuelta al edificio agitando el humo a tu alrededor mientras caminas. Ve diciendo:

   Construyo esta barrera con aire.

8. Repite la frase mientras vas caminando alrededor del edificio. Visualiza el camino que el humo va trazando en el aire como si fuese una banda de energía. Cuando llegues de nuevo al umbral de la puerta, deja el incensario en el suelo.
9. De pie en el umbral, extiende las manos como si apoyases las palmas contra una pared. Visualiza que los cuatro circuitos que has dibujado con los elementos se funden y se expanden para formar una pared sólida de energía. A continuación, visualiza que esta pared llega hasta el suelo, penetra en él y se curva hasta unirse por debajo de tu casa. Visualiza que la parte de arriba crece y se va juntando hasta unirse por encima. De este modo, forma una esfera de energía que encierra el edificio. Di:

   Fuego, agua, tierra y aire,
   guardad este hogar contra toda mala voluntad y peligro.
   Mantened segura esta casa y a todos los que viven en ella.
   Declaro que esta protección está levantada y activa.

Cómo retirar una protección

En ocasiones debemos desmantelar una protección. Si te mudas, por ejemplo, o si la energía de tu hogar cambia significativamente de alguna forma (por la llegada de un nuevo miembro a la familia o de un huésped, por un gran cambio profesional o por una alteración física del edificio por renovación o añadido, por ejemplo), la barrera original, programada para reconocer y proteger una energía y una entidad doméstica concretas, puede perder efectividad. Es muy conveniente disolverla o echarla abajo antes de construir una nueva. En lugar de intentar remodelar y adaptar la que levantaste en un principio, es preferible liberar su energía y empezar de nuevo. No resulta aconsejable construir sobre la vieja porque sus cimientos están asentados en algo que técnicamente ya no existe.

Cómo disolver una protección ya existente

Para disolver una protección ya existente, camina desde el umbral de la puerta de entrada alrededor de la casa en el sentido contrario al de las agujas del reloj. Mientras lo haces, coloca la mano con la palma hacia abajo y visualiza que vas cortando el muro o la barrera que construiste cuando levantaste la protección. Mientras caminas, di:

Disuelvo esta protección.
Te doy las gracias por haberme protegido en el pasado.
Te libero con mi bendición.

Cuando llegues de nuevo al umbral, da una patada sobre él para soltar las ataduras con cualquier energía de la protección pasada que pueda quedar y di:

Declaro que esta protección ha sido disuelta.

Plantas, piedras y otras técnicas de protección

También puedes usar las energías de plantas y árboles vivos y de piedras naturales para proteger tu hogar.

Árboles y plantas

Una de las formas más fáciles de proteger tu casa es plantar a su alrededor árboles, arbustos y plantas asociados con la defensa y la protección. Si estás pensando en plantar un árbol en tu terreno, puedes elegir alguno con cualidades protectoras, con lo que extiendes su valor a tu hogar y tu tierra. Si ya tienes uno de estos árboles en tu jardín o cerca de tu casa, preséntate a él y dale las gracias por la energía que emana.

- **Espino albar**: protege contra los daños provocados por las tormentas, favorece la felicidad
- **Abedul**: protege a los niños
- **Serbal**: protege la salud
- **Avellano**: protege contra el mal; favorece la abundancia y la inspiración
- **Roble**: defiende contra daños físicos
- **Sasafrás**: defiende de los malos espíritus
- **Saúco**: defiende contra la energía malvada y negativa
- **Lilo**: defiende contra los espíritus dañinos

Cuando plantes un árbol como método de protección, puedes pronunciar una oración como esta:

Árbol (o arbusto) sagrado,
concédenos tu protección.
Que tus raíces nos defiendan de los daños que vengan de abajo,
que tus ramas nos defiendan de los daños que vengan de arriba,
que tus hojas y tu sombra
extiendan tu protección a nuestro hogar y nuestra propiedad.
A cambio cuidaremos de ti, árbol sagrado,
y te protegeremos de las plagas y las sequías.
Árbol sagrado, te damos la bienvenida a nuestra familia.

Si no tienes terreno pero hay cerca un árbol que deseas usar como parte de la protección de tu casa y tu hogar, preséntate a él y siéntate un rato a su lado. Conoce su energía y decide si deseas incorporarla a tu trabajo. Los árboles, al igual que otros elementos naturales, son criaturas vivas y pueden sentirse abiertas a trabajar contigo o no. Después de pasar unos cuantos días conociendo su energía, ofrécele agua y pregúntale si quiere trabajar contigo como guardián de tu hogar. Confía en tu intuición para interpretar la respuesta.

El uso de piedras como medida de protección

Las piedras y las gemas se emplean a menudo como elementos protectores por las energías y cualidades que tienen asociadas. Estas en concreto son buenas para usar en el hogar:

- **Ámbar**: salud, previene el desgaste de energía, transforma la energía negativa en positiva
- **Amatista**: absorbe la energía negativa, favorece la armonía
- **Lágrima apache**: favorece la armonía en épocas de estrés
- **Aventurina**: defiende la prosperidad y la salud
- **Cornalina**: éxito, creatividad, protección contra las pesadillas, neutraliza emociones como la ira y la pena
- **Hematita**: refleja la negatividad
- **Jade**: sabiduría, fidelidad
- **Lapislázuli**: armonía, serenidad
- **Malaquita**: prosperidad, abundancia, protección
- **Obsidiana**: absorbe la energía negativa
- **Ónice**: felicidad, buena suerte
- **Cristal de cuarzo**: transforma la energía negativa en positiva, fuente de energía para los que están en el hogar

- **Cuarzo rosa**: transforma la energía negativa en positiva, favorece el cariño
- **Ojo de tigre**: estabilidad, riqueza

Otras técnicas de protección

La magia popular y las costumbres culturales son un manantial de técnicas de protección. Aquí tienes algunas que pueden interesarte:

- Pinta símbolos mágicos en las paredes o los techos con agua con sal o con limón para un fin concreto. Si tienes oportunidad de hacerlo antes de pintar una habitación, dibújalos con pintura del mismo color y luego cúbrelos con ella.
- Recorre los límites de tu propiedad con harina de maíz y agua (por separado) pidiendo bendiciones y amistad a los espíritus de la tierra para que guarden y protejan a los que viven allí.
- Deja agua con sal en el centro de una habitación durante toda la noche para que absorba la negatividad. A la mañana siguiente, lava el recipiente con agua corriente en el fregadero o al aire libre.
- Si colocas en una ventana un espejo mirando hacia afuera a cada lado de tu casa, reflejará la negatividad y la devolverá al que la envía. Del mismo modo, si cuelgas una bola de bruja (una bola de cristal pulido) en la ventana, esta absorberá y devolverá la energía negativa.
- Las campanas y los carillones de viento colgados de las puertas protegen contra los intrusos y la energía estancada. Cuélgalos allí donde el aire pueda hacerlos sonar. Moverán el aire y limpiarán la energía psíquica de tu hogar.

- Cuelga dentro de casa, de cara a la puerta de entrada, un espejo energizado para que refleje la energía negativa.
- Entierra piedras protectoras, como ónice, malaquita o amatista, debajo del escalón de entrada, el porche o las escaleras.
- Lava el umbral con limpiador purificador (véase capítulo 11).
- Cuelga signos hexagonales holandeses de Pensilvania asociados con la protección dentro y fuera de tu casa.
- Cuelga una herradura encima de la puerta con el lado abierto hacia arriba.

Cómo purificar y limpiar tu casa

Para mantener equilibrada la energía de tu hogar, establece una serie de momentos concretos a lo largo del año para hacer limpiezas, purificaciones y bendiciones. No todos tienen por qué ser un trabajo exhaustivo. Al igual que sucede con las tareas domésticas físicas, cuanto más a menudo las hagas, más ligero será el trabajo cada vez.

Puedes variar la planificación siempre que quieras. Por ejemplo, puedes hacer una gran purificación profunda dos veces al año (a lo mejor, en los solsticios) y otras menores el primer día de cada mes o cada luna llena o nueva. También puedes hacer una limpieza y una bendición de nivel medio cada sabbat o cada día festivo. Elige un momento que te vaya bien y que altere tu agenda lo menos posible. Si prefieres que el trabajo espiritual o energético esté asociado con las fases de la luna o los días santos, planifica tus purificaciones de la casa para esas fechas. A continuación, decide si las vas a hacer antes de esos días para tener la casa limpia y preparada para experimentar la energía del día en cuestión, si prefieres hacer el trabajo ese mismo día para aprovechar la energía que conlleva para tu purificación o si lo vas a hacer justo después para empezar de cero con las energías de la siguiente parte del ciclo. Otra posibilidad, que quizá te vaya mejor, es una planificación según el calendario. Hacer la purificación el mismo día de todos los meses te ayudará a mantener el ritmo.

Todas las formas son correctas. Elige aquella que te resulte más lógica y que te parezca mejor. Lo importante es hacerlo regularmente, con la frecuencia que exija tu espacio y te permita tu agenda.

La frecuencia de la purificación y la limpieza depende de la energía de tu hogar. Esa es una de las razones por las que sugerí hacer el ejercicio de evaluación anterior. Si tu hogar está muy cargado de visitantes o de situaciones emocionales intensas, quizá sea mejor purificarlo más a menudo que si vives sola.

Quizá observes que algunas habitaciones responden mejor a unas técnicas concretas. Muy bien. Utiliza aquella que funcione mejor en la que estás purificando. Puede que suponga algo más de trabajo ir cambiándolas si estás trabajando con toda la casa pero, a la larga, es mejor para la energía general del hogar. Lo importante es que seas lo más efectiva y eficiente posible y, aunque ir cambiando de técnica puede requerir algo más de tiempo, favorece un funcionamiento más fluido de la casa y eso, a su vez, afecta a todo lo que se hace en ella.

Técnicas de purificación

Existen docenas de formas de purificar la energía no deseada de una habitación. Primero, sin embargo, vamos a diferenciar la energía negativa de la no deseada. Hay momentos en los que una energía es positiva pero no la queremos en un lugar concreto. Por ejemplo, la que calma y favorece el sueño es positiva, pero no deseable en un despacho en el que quieres estar despejada y ser productiva. Evidentemente, la energía no deseada también puede ser negativa.

Por lo general, debes esforzarte en tener un entorno lo más positivo posible en tu hogar. Sin embargo, también existen energías que pueden clasificarse como «entre neutras y positivas» que, por alguna razón, pueden no ser apropiadas para la atmósfera que deseas crear en un lugar concreto. Por eso, no vamos a utilizar el término *disipar* en estos casos. Disipar significa crear algún tipo de vacío, un espacio vano que debe llenarse con alguna otra cosa. Si disipas algo conscientemente, entonces por lógica deberás estar preparada para sustituirlo con energía positiva. Sin embargo, disipar una energía entre neutra y positiva no tiene sentido. Por eso, en estos casos resultan más apropiados los términos *transformar* o *reprogramar*.

Si la energía negativa está ocupando un espacio que tiene una vibración natural positiva, al absorberla o eliminarla, conseguiremos recuperar el equilibrio positivo natural.

Algunas de las técnicas siguientes son más activas que otras. Por ejemplo, hacer un sahumerio con unas hierbas concretas lo es más que dejar una cebolla en rodajas en una habitación para que absorba la energía no deseada.

Aunque en el fondo la mayoría de ellas están dirigidas a la eliminación de la energía negativa, casi todas pueden programarse conscientemente para que influyan también sobre otras energías.

Sahumerios con salvia y hierbas

Muchas culturas emplean una técnica que purifica mediante el humo que se produce quemando una materia vegetal considerada sagrada o venerable en algún sentido. El incienso es un ejemplo. Los sahumerios con salvia son un método de los indígenas americanos que ha demostrado ser muy adaptable y eficaz para personas de cualquier tradición y camino espiritual. Lo que se hace básicamente es prender un puñado de hierbas secas y apagar la llama dejando que las hojas secas se vayan consumiendo y produzcan un humo que posee las cualidades del propio material vegetal. Este humo se puede hacer flotar fácilmente por una habitación o cualquier otro espacio, se cuela en las grietas y rendijas y puede rodear los objetos. Tiene menos probabilidades de dañar que el agua o la llama, otros dos métodos de purificación reconocidos. El manojo de hierbas se conoce como vara para sahumerios y se lleva fácilmente en la mano. El acto de rodear a alguien o algo con el humo se denomina ahumar. También puede hacerse desmenuzando material vegetal seco sobre una pastilla de carbón vegetal.

La salvia es la hierba original y la más popular para este fin, pero hay otras menos conocidas que también se utilizan, como el cedro, la hierba dulce y la lavanda. Estas cuatro plantas suelen favorecer una atmósfera tranquila y cargada de energía positiva. La salvia y el cedro en concreto se consideran plantas sagradas en las tradiciones indígenas americanas.

No hay ninguna forma correcta ni incorrecta de hacer una vara para sahumerios, pero aquí tienes unas directrices generales.

Para hacer una vara:

1. Junta varios tallos secos de la hierba o hierbas elegidas.
2. Desliza una cuerda de algodón natural no teñido debajo de un extremo del manojo y empieza a envolver los tallos entrecruzando la cuerda una y otra vez y atándola de vez en cuando. Envuélvelos firmemente pero no tan apretados que queden aplastados. Tiene que poder circular el aire para que no se apague la brasa.
3. Ata bien las puntas de la cuerda en el otro extremo del manojo. Si envuelves y atas así la vara, conseguirás que no se suelte cuando empieces a quemarla ni cuando arda la cuerda del extremo. No te preocupes si al envolver se rompen trocitos de hierba seca.

Otras cosas que debes recordar cuando hagas una vara para sahumerios:

- Los tallos demasiado gruesos no arden bien y los que son demasiado finos se parten al atarlos.
- No hagas un manojo que tenga más de cuatro centímetros (una pulgada y media) de diámetro una vez envuelto y atado. Resultará muy difícil que continúe prendida.
- Una vara de menos de un centímetro (media pulgada) puede ser demasiado frágil.
- Si lo prefieres, puedes recolectar tus propias hierbas y envolverlas aún frescas. Cuelga luego el manojo en un lugar bien ventilado para que se seque completamente. Debe estar totalmente seco antes de usarlo porque, de lo contrario, no arderá bien. Vigílalo atentamente durante el proceso de secado para asegurarte de que no cría moho.

Cómo usar una vara de sahumerios

Cuando hagas un sahumerio, hazlo de manera consciente, con sensibilidad y respeto hacia el acto, mientras visualizas tu objetivo. Puedes o no decir una breve plegaria o invocación antes de empezar, como consideres necesario. Algo tan simple como «salvia (o el nombre de la hierba o hierbas que estés usando), invoco tu energía sagrada para que limpies este espacio» puede servir. Enciende un extremo de la vara tocándolo con una llama y asegúrate de que ha prendido bien antes de soplar suavemente para apagarlo. Las puntas de las hierbas secas seguirán estando rojas y brillantes y despidiendo humo. Hace falta que el aire se mueva por la vara para que las brasas no se apaguen. Puedes facilitarlo abanicando suavemente con la mano que tienes libre. Este movimiento te permite también dirigir el humo a los rincones y alrededor de los objetos. También puedes usar una pluma. Si vas llevando la vara en la mano por toda la habitación, es posible que caigan al suelo trocitos de material vegetal ardiendo. Por eso suele ponerse sobre un recipiente resistente al calor, como una concha, un cuenco de barro cocido (la cerámica no esmaltada o el barro van muy bien) o una piedra con un hueco. De ese modo, los trocitos se quedarán en él.

También se puede hacer un sahumerio para purificar un objeto antes de usarlo o para limpiar la energía acumulada en una herramienta.

No hace falta usar toda la vara. Puedes apagarla en un cuenco de sal o de arena asegurándote de que la brasa se ha extinguido totalmente y envolverla luego en papel de aluminio o en una bolsa de papel para guardarla hasta el siguiente sahumerio.

Quemar incienso

Al igual que los sahumerios con salvia, quemar una vara de incienso libera un humo que lleva la energía de sus ingredientes. Lo importante es hacer que esa energía se mueva de una forma que resulte fácil de dispersar. Puedes espolvorear las hierbas, pero la gravedad te dificultará poder llegar a las bolsas de energía más altas que estés intentando mover.

Puedes usar incienso ya preparado y comercializado con un aroma o una fórmula específicamente diseñados para la purificación o un aroma puro que se asocie con ella. El cedro, la salvia, la lavanda y el incienso son aromas únicos que se emplean a menudo con ese fin. Las mezclas etiquetadas como «purificadoras» suelen incluirlos. El incienso preparado suele venir en varitas o conos.

Hay dos formas de hacer una vara de incienso: enrollado (se enrolla una mezcla húmeda de ingredientes para darle forma de cilindro fino y se seca, a veces alrededor de un palito para que le sirva de soporte) o sumergido (se sumerge en una solución de aceites un palo envuelto en una pasta neutra). El incienso en conos, al igual que el enrollado, se fabrica dando forma a una pasta de ingredientes. Las varitas y los conos suelen ser autocombustibles, lo que significa que no necesitan carbón vegetal para arder. Si prendes la punta, esperas hasta que se ponga roja y luego soplas con suavidad para apagar la llama, arde por sí solo. Tanto unas como otros son cómodos y no se necesita más que un cuenco con sal o arena en el que ponerlos para que ardan y para recoger las cenizas, aunque los incensarios (también conocidos como quemadores de incienso) son fáciles de encontrar. Los de varitas suelen ser trozos largos, planos y curvados de piedra o de madera con un agujerito en un extremo donde se inserta el palo, que se mantiene en ángulo para que la ceniza caiga en el quemador.

Incienso suelto

El incienso suelto es literalmente eso: una mezcla de materia vegetal molida o picada o de resina que debe quemarse sobre carbón vegetal para que libere su energía en forma de humo. Es el más fácil de hacer en casa y puede prepararse casi en cualquier proporción. La mayor parte de los ingredientes los tienes ya en la despensa o en el especiero.

Estas son algunas de las hierbas culinarias más comunes que puedes usar como incienso purificador:

- Canela
- Clavo
- Romero

- Salvia
- Tomillo

También puedes coger otras de tu jardín (lavanda y rosa, por ejemplo), secarlas y añadirlas al incienso. Otra posibilidad es poner un par de gotas del aceite esencial de cualquiera de estos ingredientes en las hierbas secas y mezclarlo todo bien.

Las hierbas secas quemadas nunca huelen como el aceite esencial ni como la propia hierba seca en una botella. De hecho, el olor se puede parecer mucho al de las hojas o hierbas al arder, y no siempre resulta agradable. Para compensarlo puedes añadir resinas, que suelen tener un aroma más agradable que el de las plantas secas. Tendrás que comprar algunas como las siguientes, pero pueden hacer que tu incienso resulte muy especial:

- Incienso
- Benjuí
- Copal dorado

Para probarlo necesitarás una pastilla de carbón vegetal y un cuenco lleno de sal o arena en el que quemarlo. Enciende la pastilla acercando el borde a una llama (ten cuidado, porque puede prender muy rápido. Para no correr riesgos, sujétala con unas pinzas). Cuando el carbón vegetal empiece a soltar chispas, deposítalo sobre el cuenco de sal o de arena. Cuando las chispas hayan dejado de recorrer la superficie de la pastilla y algunas zonas del carbón empiecen a enrojecer, ya estará listo. Coge un pellizco de incienso y colócalo sobre él. Observa cómo responde para estar preparada ante las posibles reacciones cuando lo uses en mayor cantidad. No pongas más de una cucharadita cada vez porque puedes sofocar el carbón vegetal o tener que abrir la ventana para que salga parte del humo. Es muy conveniente tener a mano otro cuenco con arena para echarla sobre la pastilla de carbón si tuvieras que apagarla rápidamente. Ten cuidado porque a veces las brasas no llegan a extinguirse del todo. Para asegurarte, echa agua por encima.

Incienso purificador

Si mezclas tu propio incienso purificador, te asegurarás de que estás usando el tipo de energías que quieres tener en tu casa. Y cuando lo haces con una intención clara y consciente, aportas una dimensión extra de energía personal al proceso y lo anclas a tu hogar, a tu familia y a tu práctica espiritual. Aquí tienes una receta básica de incienso purificador suelto.

Vas a necesitar:

- 1 cucharadita de resina de incienso
- 1 cucharadita de resina de copal
- Un mortero
- Una botellita o tarro con tapa
- ½ cucharadita de lavanda seca
- ½ cucharadita de romero
- Un pellizco de clavo molido

1. Introduce las resinas de incienso y de copal en el mortero y machácalas suavemente. Pásalas al tarro. Si queda algún residuo en el mortero, ráspalo con cuidado y échalo en el tarro. La resina tiende a fundirse si la mueles con mucho entusiasmo y puede apelmazarse. Actúa con suavidad, no tienes que reducir los fragmentos a polvo. Basta con que los trocitos sean más pequeños que los gránulos iniciales.
2. Introduce la lavanda y el romero en el mortero. Machácalos un poco y pásalos al tarro.
3. Añade el pellizco de clavo molido.
4. Tapa el tarro y agítalo suavemente para mezclar todos los ingredientes.

Técnicas populares para purificar

La tradición y la cultura popular nos proporcionan docenas de maneras de eliminar de las habitaciones y de otros lugares la mala suerte, la energía negativa, los malos sentimientos y las cosas desagradables. Entre las técnicas de purificación más comunes y populares encontramos las siguientes:

- Encender velas
- Poner una rodaja de cebolla en un platito y dejarla en el centro de la habitación para que absorba la energía negativa
- Colocar una rodaja de limón en un plato y dejarla en el centro de la habitación para que absorba la energía negativa
- Poner un cuenco de agua para que absorba la energía no deseada
- Programar unas piedras para que absorban la energía no deseada
- Rociar agua con sal
- Rociar con agua herbal (se sumergen hierbas en agua durante un tiempo determinado, se escurren y luego el agua se rocía con los dedos o con un pulverizador)
- Espolvorear sal por una habitación (y aspirarla más tarde)
- Espolvorear hierbas en polvo o molidas por una habitación (y aspirarlas más tarde)
- Dispersar aceite esencial por el aire mediante de un tarro de aromaterapia
- Colgar ristras de ajo o cebolla en la cocina para absorber la energía negativa

Ritual de purificación para habitaciones

Es importante señalar que los términos *purificar*, *limpiar* y *bendecir* se emplean a menudo indistintamente, pero designan cosas ligeramente distintas.

- *Limpiar* significa eliminar la suciedad física con la intención de retirar cualquier influencia energética que tenga asociada.
- *Purificar* significa eliminar la energía negativa o no deseada.
- *Bendecir* significa infundir al objeto una energía positiva influida por la Divinidad u originada en ella.

Ritual básico para purificar una habitación

Aquí tienes un ritual de purificación general que puedes usar tal cual o como base para el tuyo propio.

Vas a necesitar:

- Artículos de limpieza (los que necesites)
- Incienso (varita o suelto) o una vara para sahumerios
- Pastilla de carbón vegetal (si vas a usar incienso suelto)
- Incensario o cuenco resistente al calor
- Sal o arena (si vas a usar un cuenco para el incienso)
- Vela (blanca o del color que elijas)
- Candelabro
- Cerillas o encendedor

1. Para empezar, limpia el espacio. Recoge la habitación. Coloca las cosas en su sitio o vuelve a llevarlas a su lugar original en otros cuartos. A continuación, pasa la aspiradora, barre, quita el polvo, limpia... haz aquello que sea necesario para eli-

minar la suciedad física. Sé todo lo exhaustiva que consideres que debes ser.

2. Purifica la habitación quemando una cucharadita de tu incienso favorito (o de la receta que se da en este capítulo) sobre una pastilla de carbón vegetal. También puedes usar una varita con aroma purificador o una vara para sahumerios (casera o comprada). Mientras lo prendes, di:

Enciendo este incienso para purificar este espacio.

3. Coloca el cuenco o el incensario en el centro de la habitación y deja que el humo llene el espacio. No por poner mucho incienso el resultado va a ser mejor; una cucharada pequeña puede producir mucha humareda, dependiendo de la mezcla que estés usando. Asegúrate de probarla con antelación. Si quieres, puedes caminar por la habitación en el sentido contrario al de las agujas del reloj para ayudar al humo a dispersarse por todo el espacio. Este sentido del movimiento está asociado con disipar o deshacer algo.
4. Deja que el incienso purifique la habitación todo el tiempo que consideres necesario. Puede estar desde unos minutos hasta varias horas. No hace falta que siga ardiendo todo el tiempo. Deja que las energías liberadas por la cucharada o la varita original hagan su trabajo. Si sientes que va a durar más que el tiempo que tardan en arder, analiza la habitación o el espacio al cabo de una hora (o cuando el incienso haya terminado de quemarse o el humo se haya disipado) para ver si necesitas quemar más o seguir con otra técnica de purificación.
5. Cuando sientas que el espacio ya está purificado, enciende la vela y colócala en el centro diciendo:

Enciendo esta llama para bendecir este espacio.

6. Déjala arder hasta que se consuma totalmente.

Si tienes intención de purificar un espacio por primera vez o si llevas mucho tiempo sin hacerlo, sigue los tres pasos en orden. Empieza limpiando la habitación, luego purifícala y, por último, pide al Espíritu, a tu concepto de la Divinidad o a tu lar espiritual que la bendiga. Para los rituales de mantenimiento menos intensos, puedes elegir hacer solo la purificación. Para dar un toque de energía espiritual según te lo pida tu estado de ánimo o tu deseo, la bendición es lo ideal.

Mantenimiento de la energía en tu casa

El término *orden* sugiere una disposición concreta, no solo el arreglo, y es un factor esencial para que tu casa sea un lugar armonioso. El tipo de energía que se crea por la interacción de tus muebles y tus posesiones puede cambiarse o verse afectado si los recolocas o cambias los contenidos de una habitación. Las cosas poseen su propia energía en distintos grados y juntas crean otra colectiva mayor. Añadir o retirar cosas a esta energía colectiva puede influir sobre la sensación que produce una habitación.

El flujo de energía que existe en un espacio es importante. Muchas veces resulta poco acogedor porque la energía que contiene no fluye sino que está estancada. Si no percibes cómo sucede (ya sea por una percepción deliberada de la energía o una sensación vaga relacionada con la habitación), prueba a colocarte en la puerta y mirar hacia adentro. ¿Qué lugar atrae tu mirada instantáneamente? ¿Qué camino sigue si no la diriges deliberadamente en una dirección u otra? Lo más probable es que ese sea el que sigue también la energía de la habitación. Si tu mirada no se mueve de forma natural por toda ella, es probable que tampoco lo haga la energía. Si hay una zona que no se utiliza, aunque tenga sillas u otros muebles o equipamiento, el flujo de la energía por la habitación puede no llegar hasta ella o verse bloqueado por algo.

Para atraer o estimular determinados tipos de energía, coloca objetos o símbolos asociados con ellos en zonas clave. Esto puede suponer una recolocación importante o un cambio sencillo. Puedes poner figuritas que lleven o representen la energía deseada en rincones, recovecos o rendijas. Una pequeña imagen de una abeja en un rincón «muerto», por ejemplo, puede mantenerlo vibrante, porque la abeja es un símbolo de actividad, comunidad y laboriosidad.

CAPÍTULO 8

Magia en el lar

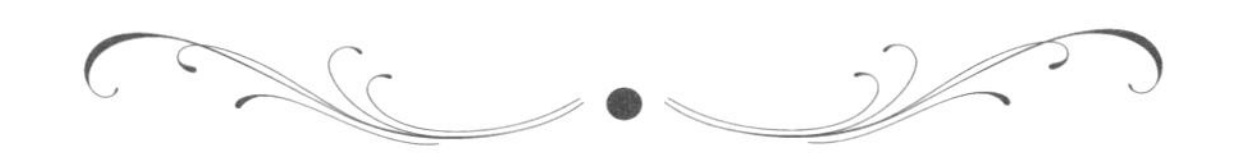

EN LA BRUJERÍA DEL HOGAR, la magia es una forma de utilizar conscientemente la energía del lar espiritual para realzar la actividad que estás realizando. En muchos caminos, las prácticas mágicas y las espirituales están separadas, pero, en la brujería del hogar, la actividad mágica apoya a la espiritual y, al mismo tiempo, se aprovecha de ella. Y, como está tan relacionada con el amor, el cuidado y la protección de lo que consideras sagrado, solo puedes tener objetivos positivos.

Otra forma de ver la magia dentro del contexto de la brujería del hogar es como algún tipo de transformación, una tarea que se realiza con la intención de entrelazar energías para iniciar algún cambio, rejuvenecimiento o crecimiento espiritual. Teniendo esto en cuenta, en este capítulo vamos a analizar la cultura popular de la cocina y las costumbres y energías asociadas con los utensilios que podemos encontrar y utilizar en ella.

La magia de los objetos cotidianos

Todos los materiales con los que trabajas poseen su propia energía. Vamos a ver los más habituales en la cocina y las energías mágicas que llevan asociadas. Esto te ayudará a captar cuál es su contribución a la energía general de tu hogar. Cuando eres consciente de ellas puedes incorporarlas a tu trabajo espiritual y aprovechar sus beneficios.

Metales

Los antiguos conocían siete metales principales. Cada uno de ellos se identificaba con un planeta (que, a su vez, ya estaba vinculado con una deidad) y tenía asignado un conjunto de asociaciones y correspondencias. Eran los siguientes: oro (asociado con el sol), plata (la luna), mercurio (Mercurio), cobre (Venus), hierro (Marte), estaño (Júpiter) y plomo (Saturno). Muchos de ellos siguen utilizándose en los hogares actuales. A continuación se describen estos elementos junto con las energías que llevan asociadas.

Hierro y acero

El hierro es uno de los elementos más comunes de la Tierra y, en cantidades muy pequeñas, se considera necesario para la vida de la mayor parte de los organismos. En la cocina se suele utilizar el hierro fundido, que está formado por hierro, carbono, silicio y trazas de manganeso. El acero es otra forma común de este metal. En este caso es una aleación con carbono, para reforzarlo y endurecerlo, y trazas de otros elementos como el tungsteno. En términos mágicos, se cree que desvía la magia y la energía psíquica y que aumenta la fuerza física. Por eso suele utilizarse para fabricar amuletos y talismanes protectores o como relleno de bolsitas y grisgrís. En diversas culturas se han llevado clavos, llaves y otros objetos de este metal como talismanes protectores y de defensa. Se solían poner clavos encima de las puertas y ventanas para impedir la entrada de espíritus malignos.

Si estás buscando una forma de incorporarlo a tu trabajo mágico o espiritual y no deseas utilizarlo en pucheros ni utensilios de cocina, un trozo de hematita es una excelente alternativa. La hematita es un metal del color del peltre que se utiliza en el trabajo mágico para obtener enraizamiento y protección. También se usan las piedras de imán, unos trozos de piedra con hierro que poseen carga magnética, para atraer una energía determinada hacia ellas y hacia su portador o para desviar otras. Tanto la hematita como la piedra de imán en tu altar o capilla aportarán sus energías a tu lar espiritual. Otra alternativa es comer alimentos ricos en hierro como la fruta deshidratada, las verduras de color verde oscuro, los frutos secos, los cereales integrales y la carne roja, entre otros.

El hierro y el acero se emplean mágicamente para defensa, protección, enraizamiento, fuerza, energía, fuerza de voluntad y valor.

Cobre

El cobre es un conductor excelente. Muy a menudo, los pucheros y las sartenes están hechos total o parcialmente con él. Tradicionalmente se asocia con Venus, la diosa romana del amor y la belleza. Revitaliza, refresca, está asociado con la sanación, equilibra las energías que salen con las que entran y también está relacionado con atraer dinero. Además de conducir la electricidad, conduce también la energía mágica. Es un metal estupendo para tenerlo cerca del lar y del hogar porque realza energías como la armonía, la abundancia y la atracción de la energía positiva.

En términos mágicos puede usarse en trabajos relacionados con la amabilidad, la fecundidad, la paz, la armonía, los proyectos relacionados con el arte y la amistad.

Aluminio

Es uno de los metales más abundantes de la Tierra y está presente de forma natural en varias piedras como los granates y las estaurolitas. En los pucheros y sartenes suele estar anodizado. Es muy denso, a pesar de su ligereza.

Al ser uno de los metales más recientes, no tiene tantas asociaciones mágicas como otros más clásicos como el cobre y el hierro. Su asociaciones modernas son los viajes, la comunicación y otros temas relacionados con la actividad mental. Como es muy resistente a la corrosión, puede usarse también para reforzar el mantenimiento del poder o la permanencia y para resistirse a los cambios no beneficiosos.

Estaño y peltre

El estaño suele encontrarse sobre todo en forma de peltre. El moderno es una aleación de estaño con antimonio, pero antiguamente se hacía con plomo y cobre. Se empleaba para fabricar tazas y platos y otros objetos domésticos, aunque también era muy usado para hacer figuritas y piezas de joyería (es interesante señalar que el mexicano es una aleación de aluminio con otros metales, no de estaño).

Entre sus asociaciones mágicas están el éxito en los negocios, los asuntos legales, la sabiduría, el crecimiento, el éxito, la sanación y la abundancia.

Loza, porcelana y cerámica

Estos materiales están fabricados con bases de arcilla y caolín mezcladas con otros materiales que se añaden para crear determinados efectos. Suelen estar vidriados para hacerlos impermeables. La arcilla es un material de tierra y, por eso, estos objetos están asociados con la abundancia, la estabilidad y la fecundidad.

Vidrio

El vidrio es básicamente dióxido de silicio fundido y mezclado con diversos minerales que le proporcionan estabilidad. El Pyrex contiene boro, y el cristal, plomo, que aumenta la refracción de la luz y provoca un efecto destellante. El dióxido de silicio se encuentra de forma natural en la arena o en el cuarzo, ambos asociados también con el elemento tierra y, por tanto, con las energías de estabilidad y abundancia. La categoría del cuarzo cubre muchas de las piedras que se emplean habitualmente en la práctica de la Nueva Era, como el ágata, el jaspe y el ónice, así como las traslúcidas que solemos denominar cuarzo. Por lo general, este tipo de piedras están asociadas con la energía, la sanación y la protección, además de otras según el tipo de piedra concreto.

La ética de la magia en la cocina

Cocinar es, en sí misma, una actividad creativa y también una de las más comunes de la cocina moderna. Por tanto, constituye uno de los métodos más naturales con los que expresar tu espiritualidad y la práctica de la brujería del hogar en favor de tu familia y tu casa.

Esto plantea el asunto de la ética. Ya lo vimos en el capítulo 1 cuando analizamos los valores y la forma en la que pueden ayudarte a definir tu espiritualidad basada en el hogar. Aquí vamos a ver el tema éticamente embarazoso y confuso de cocinar para otros con intenciones espirituales o mágicas.

En religiones modernas como la wicca se suele aceptar que el intento de influir sobre otra persona mediante técnicas mágicas o de otro tipo sin su conocimiento o consentimiento supone una infracción de su privacidad y su expresión del libre albedrío y que los hechizos o rituales diseñados para cambiar el estatus o el punto de vista de alguien sin su aprobación son malos. Existen otros caminos basados en la magia que no actúan siguiendo esta restricción moral. La brujería del hogar, sin embargo, no se basa específicamente en la magia ni es una religión. No pretende cambiar deliberadamente la posición o el estatus de un individuo en beneficio del que la practica ni tampoco en el de la persona afectada. Lo que sí hace es aprovechar plenamente la oportunidad abierta de transmitir de forma general deseos de paz, salud y felicidad.

¿En qué se diferencia este enfoque del intento de manipular a alguien con magia? En primer lugar, impregnar tu actividad en la cocina con energía positiva mediante la canalización del amor divino a través de tu lar espiritual o invitando a la energía positiva a entrar en tu hogar no supone manipular a los que viven en tu casa ni a los que la visitan. Si preparas comida con amor no específico, aquellos que consuman estos alimentos y este amor se beneficiarán de ellos a su manera. La clave es recordar que, al servir una comida hecha de este modo, los que la tomen tendrán la oportunidad de absorber la energía que la potencia junto con la que proporciona su componente físico. No lo van a hacer de manera automática. Su energía personal puede elegir aceptar la energía amorosa de tu comida y de tu hogar o no hacerlo.

Si haces una tarta para alguien que te gusta con la intención de crear un hechizo de amor que le haga enamorarse de ti, eso se considera manipulación e interferencia. Si la haces con la intención de preparar la mejor tarta posible con la esperanza de que el

despliegue de tus habilidades culinarias le impresione y quizá pueda favorecer su sentimiento general de admiración hacia ti, eso no se considera como tal.

Quizá te parezca rizar el rizo pero podríamos resumirlo diciendo que, cuando preparas una comida con amor, no estás intentando manipular a nadie.

Por tanto, ¿cómo se utiliza la intención espiritual o mágica en la cocina? Para empezar, puedes usar rituales (y aquí la palabra *ritual* se emplea en el sentido de breves preparaciones mentales y espirituales antes de empezar) para mejorar tus habilidades a la hora de cocinar. Puedes atraer de tu lar tanta energía de éxito y estímulo como sea posible y dirigirla a la comida que preparas. Puedes usar la atención consciente (véase capítulo 6) y las invocaciones para mejorar tu capacidad de planificar, preparar, cocinar y servir comidas (véase capítulo 10) y, por encima de todo, puedes cocinar de manera consciente teniendo en mente tu objetivo de cuidar de todos aquellos que vayan a consumir lo que prepares. En el capítulo 9 veremos con más detalle la relación entre la comida y la espiritualidad.

Cultura popular de la cocina

Una de las cosas divertidas que tiene investigar las costumbres basadas en el hogar es descubrir las tradiciones y la cultura popular asociadas con la actividad doméstica. Aquí tienes una serie de costumbres que puedes usar para realzar tu consciencia de la naturaleza espiritual de tu actividad.

- Remueve el contenido de pucheros y cuencos en el sentido de las agujas del reloj para atraer la energía positiva o, en la dirección contraria, para disipar cosas. Hazlo de una forma o de la otra según las necesidades de tu hogar o de tu familia en cada momento.

- Pasa las cosas que haya en la mesa en la dirección de las agujas del reloj para mantener en ella una energía armoniosa.
- Si quieres limpiar tu casa de energía negativa, hazlo empezando por la puerta de atrás y ve recorriendo las habitaciones en el sentido contrario al de las agujas del reloj hasta que vuelvas a llegar a la puerta y luego barre o pasa la mopa hacia fuera de la casa.
- Para atraer energía positiva, limpia los objetos en el sentido de las agujas del reloj. Aquí incluimos quitar el polvo, pasar la mopa y fregar y también limpiar las encimeras y lavar los cacharros.
- Con agua con sal, dibuja en las ventanas de tu casa y en las puertas delantera y trasera un símbolo espiritual que tenga significado para ti (ya sea cultural, religioso o diseñado por ti). Si quieres algo más permanente, hazlo con esmalte de uñas transparente.
- Si quieres conectar aún más lo que cocinas con tu lar espiritual, dibuja un símbolo espiritual en el interior del puchero o del cuenco antes de usarlo. Una llama estilizada es una buena imagen básica.
- Da poder a tu detergente para que purifique cualquier energía negativa que pueda estar adherida a la ropa. El agua tiene un efecto purificador natural, pero empoderar los productos de limpieza que uses lo potencia. Haz lo mismo con los limpiadores domésticos.
- Se dice que quedarse sin sal da mala suerte en lo que respecta a la prosperidad del hogar. Guarda siempre un paquetito en algún lugar para evitarlo (este puede ser uno de los orígenes de la costumbre de llevar una botella de vino, una

barra de pan y una caja de sal a las fiestas de inauguración de una casa nueva).

- Colgar ristras de ajo, cebolla o guindillas mantiene tu cocina libre de energía negativa. Échalas al compost en otoño y cuelga otras nuevas. ¡No las comas nunca!
- Colgar manojos de maíz seco atrae la prosperidad y la abundancia.
- Pon una cebolla o un diente de ajo debajo de la ventana de la cocina por fuera de la casa para que absorba cualquier energía negativa que intente entrar en el hogar. Puedes ponerlos también cerca de las puertas. Cámbialos cada mes o con más frecuencia si ves que se pudren más rápido.

Utensilios de cocina tradicionales

¡Los utensilios que se usaban en las casas hace un siglo ya no son los únicos que tiene a su disposición una bruja de la casa cuya actividad se centra en el lar! Hoy en día existen docenas. En esta sección veremos brevemente los tradicionales y propondremos unos equivalentes contemporáneos.

Aparte del caldero, que ya analizamos en el capítulo 4, existen unos cuantos utensilios tradicionales que se usan o se usaron en el trabajo mágico y espiritual.

- **El cuchillo**: El cuchillo es un símbolo de aire o de fuego, dependiendo de con qué tradición ocultista occidental te identifiques y, en algunas de ellas, se emplea de forma simbólica. La pareja de este utensilio es el boline, un instrumento que se emplea para cortar y rebanar físicamente en un contexto ritual cosas como hierbas, para tallar madera y demás. A veces tiene el mango blanco o la hoja curva mientras que el cuchillo suele tener el mango oscuro y la hoja recta con dos filos. Puede estar afilado o romo para demostrar que es un utensilio metafísico. Evidentemente, lo último que necesitas en tu cocina es un cuchillo que no puedas usar. Como la brujería del hogar es práctica, resulta más lógico reconocer las asociaciones espirituales de los que sí usas. Los cuchillos se suelen asociar con la acción, la decisión, la resolución y la confianza.

- **La varita**: Otro utensilio tradicional es la varita. Puede ser un símbolo de fuego o de aire (dependiendo de lo que, según tu creencia, sea el cuchillo, la varita se asigna al otro). En los cuentos aparecen hadas y hechiceras con varitas mágicas que transforman y encantan. Los brujos y los druidas suelen llevar bastones. Tanto la varita como el bastón simbolizan lo mismo. Los bastones suelen asociarse también con la solidez y el enraizamiento y reflejan el árbol del mundo y el *axis mundi* de las sociedades chamánicas. El utensilio moderno que se corresponde de forma evidente con la varita es la cuchara de madera, un objeto de transformación y fusión.
- **La escoba**: Otro símbolo mágico que siempre está presente es la escoba. Al igual que el bastón, simboliza el enraizamiento, pero también los vuelos espirituales que se emprenden en busca del conocimiento de otros espíritus y mundos. Se dice que es una unión entre los símbolos femenino y masculino del cepillo y el bastón y como tal se ha utilizado en ceremonias de fertilidad, festivales y rituales, sobre todo para estimular el crecimiento de las cosechas. En el uso mágico más moderno se emplea para barrer la energía de un espacio y eliminar la negatividad. En esta capacidad recibe a veces el nombre de *besom* y se suele mantener separada de la escoba que se emplea a diario para barrer las migas y la suciedad del suelo. En la brujería del hogar,

como cada acto es mágico, el uso de la escoba de todos los días es un acto mágico en sí mismo y por sí mismo. El suelo y la energía se barren al mismo tiempo.

Aparatos modernos y magia

En esta sección no se defiende necesariamente el uso de aparatos en la práctica mágica o espiritual. Sencillamente se enumeran y se ofrecen los usos o energías alternativos que existen actualmente en muchas cocinas. Si no dispones de alguno de ellos, no te pierdes nada. Dicho esto, hay muchas cosas en tu cocina que das por sentadas, como la cafetera, el hervidor de agua y el microondas, y, aunque no son objetos tradicionales, quizá no los hayas considerado como posibles utensilios mágicos contemporáneos. Sin embargo, como la brujería del hogar es práctica, no hay motivo para evitar cosas que puedes estar usando a diario. ¿Por qué solo unas actividades y utensilios concretos de la cocina pueden ser espirituales o creativos? ¿Por qué no vas a poder usar freidoras eléctricas y batidoras?

El argumento principal en contra del uso de aparatos de cocina modernos con fines mágicos es que el empleo de electricidad perturba o altera de alguna manera la magia. Allá cada uno con su opinión, pero yo rara vez he observado que la electricidad que corre por los cables del interior de las paredes de mi casa afecte a los rituales o al trabajo espiritual que hago entre ellas. El segundo argumento que se da a veces es que la persona que se opone a ellos tiene la sensación de que está, en cierto modo, haciendo trampas si los usa. ¡Sin embargo, repito una vez más que la brujería del hogar es algo práctico! No tiene sentido darnos más trabajo haciendo las cosas «a la antigua».

Otro caso muy diferente es si deseas celebrar algo ofreciendo el tiempo y la energía que requiere hacer una tarea en la cocina sin la ayuda de la tecnología moderna. En ese caso, ¡bien por ti! Puede ser una experiencia de meditación maravillosa.

Debemos hacer una advertencia sobre el uso de dispositivos cotidianos con fines mágicos y espirituales. No siempre puedes volver a utilizarlos para cocinar si los has empleado para moler o mezclar algo incomestible. Imaginemos, por ejemplo, que has usado un pequeño triturador de alimentos o un molinillo de café para hacer incienso. Por mucho que lo frotes, es posible que los aceites esenciales y las resinas no salgan. Si tienes intención de usar pequeños aparatos como estos para un trabajo relacionado con la magia o la espiritualidad, invierte en uno de segunda mano para dedicarlo solo a estos fines en beneficio de tu salud y tu seguridad.

Y por último, reconocer que tus aparatos y utensilios de cocina son compañeros de tu vida cotidiana te proporciona una oportunidad más para aprovechar las energías de tu entorno. Ser consciente de lo que te rodea y de cómo usas las cosas que tienes a tu disposición te permite controlar mejor tu espacio. Familiarizarte con sus energías concretas te ofrece la oportunidad de utilizarlas de manera consciente y con precisión, con lo que realzas tu experiencia espiritual y amplias o profundizas la compleja red de energías que conforman tu lar y tu hogar.

El primer paso para conocer mejor cómo se produce la energía de tu cocina y qué la influye es entender que todos los utensilios poseen la suya propia.

¿Cómo se empieza? Una buena forma de hacerlo es bendecir cada uno de los grandes aparatos que tienes en la cocina. No es algo tan de locos como parece. Como seres humanos, tendemos a proyectar personalidad a las máquinas porque nos relacionamos mejor con aquellas cosas que consideramos que tienen una identidad. Al reconocer a tus aparatos como participantes de tus actividades en el lar y en el hogar, reconoces formalmente sus energías. Si quieres llegar incluso a ponerles un nombre, hazlo. Cualquier cosa que les haga tener una presencia reconocida en tu cocina te resultará útil.

Tus aparatos y la forma en la que trabajan influyen en tu vida de una forma que a menudo no reconocemos hasta que dejamos de poder usarlos por un corte de luz o por un fallo de la máquina. Cuando eso sucede, nuestra reacción suele ser negativa, como consecuencia de la frustración, y es comprensible. Sin embargo, esta reacción afecta a la energía del hogar y resulta lamentable que la única respuesta consciente que demostremos hacia ellos y sus usos sea negativa.

Echa un vistazo alrededor de tu cocina y toma nota de los aparatos que usas a diario. El frigorífico está siempre conectado; la cocina está a tu disposición; la tostadora, la cafetera y el microondas son casi omnipresentes en las cocinas actuales. ¿Qué te parecería si, al usarlos, aplicaras conscientemente su energía de un modo positivo para la general de la cocina, tu hogar y tu vida?

Si dedicas unos momentos a reconocer formalmente a un aparato, estás indicando a tu mente y a tu espíritu que es un elemento valioso de tu vida cotidiana... y también se lo estás diciendo a la energía del propio aparato. Este no es lugar para entrar en largas disquisiciones acerca de la validez de la energía que producen las máquinas y los dispositivos tecnológicos en comparación con la de los objetos orgánicos y naturales. Baste decir que todo tiene una firma energética y que esa energía influye sobre el entorno en el que se encuentra. La energía mecánica de una tostadora puede resultar un poco más difícil de captar y de incorporar a tu uso consciente que la de las hierbas u otros símbolos, pero es perfectamente legítima. Repito una vez más que resulta un tanto contraproducente ignorar las herramientas modernas que tenemos a nuestra disposición a la hora de crear una práctica mágica basada en el hogar que resulte espiritual, emocional y físicamente enriquecedora.

Un buen punto de partida es reconocer formalmente a los principales participantes de tu cocina, aquellos que están sobre la encimera y se usan a diario o varias veces por semana. Una forma estupenda de hacerlo es bendecirlos (lo veremos más adelante en este mismo capítulo). Considéralo una manera de poner en marcha su energía de una forma práctica y de incluirla en la atmósfera general de tu lar.

Tomemos como ejemplo la batidora. Me centro en ella y no en el horno porque es un aparato pequeño y muy concreto, mientras que la cocina y el horno tienden a ocupar un lugar más central. Aparte de usar electricidad, no difiere mucho de mezclar y amasar el pan de la manera tradicional. De todas formas, se puede argumentar que, al aportar menos, al realizar menos actividades manuales, te estás divorciando todavía más del potencial para imbuir al pan resultante más magia o energía. A la hora de hacer pan con un fin mágico o espiritual concreto, ahí sí lo hago todo a mano. Sin embargo, para el de todos los días uso una máquina y, al bendecirla tanto a ella como a los ingredientes que empleo, maximizo el potencial de magia cotidiana del hogar. Como resultado de un trastorno físico, voy poco a poco perdiendo fuerza en las manos y, por tanto, soy consciente de que en un futuro próximo tendré que usar la máquina incluso para mezclar y amasar el pan para uso ritual. Cuando eso suceda, no me importará, porque reconoceré que la clave es la intención y el reconocimiento de la propia máquina como elemento participante en mi práctica del lar y de la casa.

Tu libro de cocina

Otra ayuda esencial en la cocina que probablemente pasas por alto cuando piensas en los utensilios es el libro de cocina o el archivo de recetas. No me estoy refiriendo a un libro editado sino más bien a la carpeta en la que has ido reuniendo a lo largo de los años notas que has garabateado tú misma en los márgenes o en el dorso de papeles, fotocopias y trozos de papel escritos rápidamente a mano, páginas arrancadas de una revista, recetas de páginas web impresas, tarjetas hechas trizas y manchadas con extracto de vainilla, café y tomate triturado. Si las tienes metidas dentro de la solapa de la tapa de tu libro editado principal o sueltas por alguna parte, date un capricho y cómprate un álbum o una carpeta recia de anillas y unas fundas de plástico transparente. Esto último es lo ideal porque las fundas no solo te permiten lavarlas cuando remueves la sopa con un entusiasmo algo excesivo sino que también puedes meter notas dentro.

Tu libro de cocina es el equivalente del Libro de Sombras o del grimorio de las prácticas exclusivamente espirituales. Un Libro de Sombras es un lugar en el que puedes anotar cosas que has probado, cambios que has hecho en hechizos, registros de rituales, recetas y demás. Tu libro de cocina es eso mismo. Colócalo de una forma que te resulte lógica. Por lo general, las colecciones de recetas suelen estar organizadas por tipos de platos –aperitivos, platos principales, platos únicos, bebidas, postres y demás– pero, si tú tienes otro método de organización, utilízalo sin dudarlo.

Lleva también un diario de cocina en el que puedas anotar las oraciones, invocaciones, información o recetas no alimentarias relacionadas con tu práctica espiritual.

Bendecir tus aparatos

Este es un acto sencillo y directo que puedes hacer de forma regular para mantener la carga positiva de la energía del aparato, vincularlo a la energía armoniosa de la cocina y tenerlo contento. Para ello no necesitas nada aunque, si te parece necesario o preferible, puedes usar un cuenquito o una taza de agua sola o con un pellizco de sal.

Ten en cuenta que esto no es una limpieza ni una purificación, sino solo una bendición. Si sientes que es necesario, puedes hacer una purificación antes. Es posible que te lo parezca la primera vez que hagas esta bendición y después, ya no.

En las siguientes instrucciones se utiliza como ejemplo el frigorífico. Para bendecir cualquier otro aparato, no tienes más que sustituir el nombre y su propósito o uso.

1. Colócate de pie delante del aparato. Tócalo con las manos y percibe su energía abriéndote a cualquier sentimiento o sensación que pueda despertar en ti. Puedes «notarlo» caliente, frío, activo, pasivo, lento, rápido, dispuesto, distante o cualquier otra cosa.
2. Cuando notes que percibes su energía o su personalidad, di:

   Frigorífico,
   gracias por mantener nuestra comida fresca y en condiciones.
   Gracias por formar parte de nuestra vida.
   Te bendigo.

3. Si lo deseas, puedes dibujar sobre él un símbolo con agua sola o con un pellizco de sal disuelta o con el dedo seco. Puede ser cualquier dibujo que te parezca apropiado. Uno bueno por defecto es un círculo, porque representa la armonía. Quizá te apetezca usar alguna otra cosa, como una llama estilizada, que representa la energía del lar del hogar.

Si te cuesta percibir la energía del aparato, considera qué es lo que hace en la cocina y asócialo conscientemente con una energía similar. Por ejemplo, el helado es dulce, así que una heladera puede asociarse con la amistad, la armonía y el amor. ¿Por qué no pruebas con la batidora? Combina ingredientes separados para formar una entidad armoniosa, de manera que quizá podrías asociarla con la comunidad, la armonía y el trabajo activo. Los moldes de tarta pueden simbolizar el placer, la celebración y cosas parecidas. La tetera puede representar la salud, el amor, el apoyo, el consuelo y la paz.

Si lo deseas, puedes hacer lo mismo con las distintas zonas de tu cocina: el rincón del desayuno, la despensa, el armario, etc. No pases por alto el contenido de los armarios. Los artículos de limpieza, la loza, los platos y la plata pueden bendecirse o potenciarse fácilmente para que nos proporcionen armonía y otras cosas positivas, como salud. Bendice también las entradas a la cocina, las puertas y arcos o pasillos que comunican con el resto de la casa.

Sobre la naturaleza mágica de los objetos cotidianos

Como ya has aprendido en este libro, la brujería del hogar es algo muy práctico. Aquí tienes una pequeña selección de aparatos y utensilios de cocina modernos con comentarios acerca de su uso y de sus efectos en la práctica espiritual. Observa los más grandes, los pequeños que tienes sobre la encimera y las demás herramientas y utensilios. ¿Qué tipo de energía contienen? ¿Qué tipo de cosas simbolizan para ti? Aquí tienes algunas posibles asociaciones que te ayudarán si no consigues determinar una energía definible.

- **Afilador de cuchillos**: foco
- **Abrelatas**: eliminación de barreras, superaración de obstáculos
- **Panificadora**: consuelo, base, abundancia
- **Molinillo de café**: foco, consciencia más elevada, energía
- **Batidora de mano o de vaso**: fusión suave pero firme de pensamientos o energías dispares

- **Cafetera exprés**: intensidad
- **Espumador de leche**: juego, pensamiento, alegría
- **Mandolina**: uniformidad, precisión
- **Olla de cocción lenta**: unión lenta y estable

Investiga en tus armarios y cajones para ver qué propiedades puedes asignar a los utensilios y aparatos pequeños que encuentres.

Purificación regular de la cocina

Aunque tengas la mejor de las intenciones e intentes vivir una vida espiritualmente gratificante libre de estrés, la energía desagradable se acumula y, en general, la atmósfera positiva que te esfuerzas por mantener puede acabar algo estropeada. Como la cocina es un lugar que se utiliza tan a menudo, es posible que tengas que purificarla más veces que otras habitaciones. Una sarta de torpezas o de mala suerte con la comida puede querer decir que no vendría mal hacerlo. Recuerda que tu lar ya es sagrado de por sí y que la necesidad de purificación no significa que se haya mancillado en ningún sentido sino solo que estará bien hacer un poco de limpieza espiritual. Consulta la información del capítulo 7. En ella encontrarás ideas sobre cómo purificar la cocina y tu hogar en general.

Recuerda que cualquier actividad que tenga lugar en la cocina contribuye a la energía del lar. Del mismo modo, todas estas actividades también se benefician de ella. Cuando haces manualidades, deberes escolares o cualquier otra cosa, las vinculas a la energía que rodea el hogar, lo que puede producir un efecto beneficioso en los resultados.

Lleva un registro

Llevar un registro de lo que haces es importante no solo para la vida cotidiana sino también para tus actividades mágicas. Ir anotando cada actividad con su fecha te ayuda a planificar tus taresa y te ofrece la oportunidad de repasar lo anterior para ir aprendiendo. En su forma más básica, un diario puede ser una colección de ideas y notas acerca de lo que sale bien y mal o un sitio donde guardar recortes de noticias y asuntos relacionados con el hogar, tanto sobre espiritualidad como sobre la vida cotidiana.

En él puedes copiar recetas y anotar rituales, ceremonias, purificaciones y cualquier otra actividad espiritual concreta que hagas. Especifica tanto como te apetezca e incluye, por ejemplo, datos sobre el tiempo, sobre las personas que estaban en la casa en ese momento, sobre tus impresiones y tu estado emocional, etc. Puedes anotar información sobre deidades o espíritus que hayas buscado, las meditaciones que hagas, tus ofrendas y cómo sientes que fueron recibidas. También puedes apuntar todos los días tu estado de ánimo, las conexiones que estableces y tus pensamientos acerca de tu práctica espiritual basada en el hogar. Puedes pegar retales de colores, recortes de revistas o trocitos de pintura si tienes intención de redecorar e insertar fotografías de la casa en distintas etapas para llevar un registro de su evolución a lo largo de los años. Puedes anotar las cenas con invitados que celebres y escribir el menú, quiénes acudieron y tus éxitos (¡o fracasos!) culinarios. Puedes prensar flores u hojas de tu jardín. Puedes apuntar poemas u oraciones. En resumen, es un cajón de sastre para todo lo relacionado con tu camino espiritual que te facilita las consultas posteriores.

Puedes usar un cuaderno en blanco con las páginas rayadas o sin rayar o una carpeta de anillas. Esta última te permite insertar las páginas que vayas necesitando mientras que el cuaderno puede acabar no cerrando bien cuando ya lo hayas usado mucho. Lo mejor es que aquello que uses tenga un tamaño mínimo de 20 × 25 centímetros (8 × 10 pulgadas) para que tengas sitio donde anotar, dibujar y pegar cosas.

CAPÍTULO 9

La espiritualidad de la comida

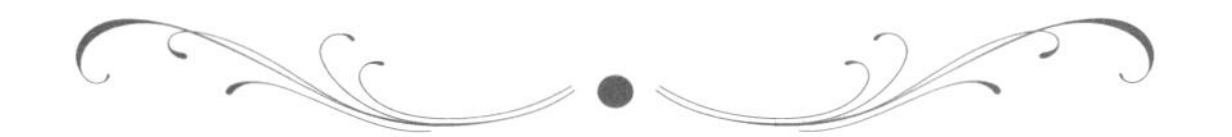

LA COMIDA Y LAS ACTIVIDADES relacionadas con ella desempeñan un papel muy significativo en nuestra vida. Sin embargo, aparte de aquellas que relacionamos con las vacaciones, rara vez consideramos que tienen una conexión espiritual. Son algo muy físico y, como tal, a menudo olvidamos que también tienen su lugar dentro de nuestra vida espiritual. Este capítulo se divide en dos partes. En la primera analizamos la relación entre la comida y la espiritualidad mientras que la segunda se centra en platos y recetas sencillas basadas en el lar o asociadas a él.

Piensa en la comida

Reconocer el aspecto espiritual de la comida es un acto informal que puedes hacer a diario para ponerte en contacto con tu espiritualidad. Aquí tienes un ejercicio que puede revelar algunos datos interesantes acerca de tus hábitos alimentarios: lleva durante una semana un registro de la comida que preparas y de lo que consumes. Anota lo siguiente:

- Los ingredientes
- El tiempo total de elaboración de la receta
- El tiempo que has pasado comiendo
- Dónde has comido
- Cuánto has comido y cuántos restos han quedado
- Si consumiste los restos al día siguiente o en días posteriores
- Qué prácticas espirituales realizaste mientras hacías cualquiera de los pasos anteriores o todos ellos (qué rezaste, si añadiste específicamente algún ingrediente o hierba con una intención mágica, si dejaste una ofrenda a un dios o espíritu y, si lo hiciste, cuándo fue).

Esta información puede mostrarte muchos detalles acerca de la importancia que das a los distintos pasos de la preparación de la comida y del acto de consumirla.

La energía de la comida

Cuando manejas algo, le transfieres parte de tu energía personal. Tu energía base se ve influida por tu estado emocional, que actúa como lente o filtro a través del cual pasa tu energía personal y, por tanto, se ve afectada por él. Es importante recordarlo en todo momento (es una de las razones por las que no debes manejar objetos sagrados sin estar bien preparada), pero sobre todo cuando manejas los alimentos.

Se suele decir que eres lo que comes, pero también se podría afirmar que comes lo que eres o, por ser más precisos, lo que eras cuando preparaste la comida. Y, si estás comiendo un plato elaborado por otra persona, también estás consumiendo parte de su energía (quizá esto te haga ver de otra forma el hecho de comer fuera de casa, sobre todo si lo haces a menudo porque crees que no eres capaz de cocinar, porque te resulta incómodo o porque no disfrutas estando en tu cocina).

La dimensión espiritual de la comida y de las actividades relacionadas con ella nutre el alma a través del intercambio de energía. Preparar y consumir los alimentos de una forma espiritual es un acto de aprecio hacia el aquí y el ahora. Comer así puede implicar pensar en las fuentes de las que proceden los alimentos, sus conexiones, sus asociaciones con la estación del año, el lugar que ocupan en tu vida y el efecto que produce su energía en la tuya, entre otras cosas. El aprecio espiritual de la comida es sutil, pero nutre y fortalece tu conexión con el aspecto espiritual del mundo que te rodea.

Todo el mundo come. Es una de las necesidades fisiológicas básicas. Sin embargo, la conexión espiritual personal con tu comida le otorga otra dimensión más allá de la relación física básica de alimentarte. Lo mínimo que puede hacer la comida es aportar las calorías básicas con sus vitaminas y nutrientes. Por eso resulta lógico realzarla manipulándola con consciencia en cada uno de los pasos del proceso para maximizar su potencial espiritual. ¿Por qué no ibas a proporcionar la mayor cantidad posible de todas las cosas buenas que nos ofrece la comida a aquellos a quienes se la sirves? ¿Por qué no ibas a usar la comida como expresión espiritual y un modo de comunicación? Como tu energía influye sobre ella en cada una de las etapas de la preparación y el consumo, es importante que seas consciente mientras actúas.

Como ya vimos en el capítulo 8, la comida como vehículo no declarado de cambio para otras personas distintas a ti plantea una serie de problemas éticos. Puede interpretarse como manipulación mágica y una violación del libre albedrío de la persona, quizá sin su consentimiento. Es una norma que debes tener en cuenta. La forma en la que la preparas y la consumes produce un efecto espiritual en ti y en aquellos a los que alimentas.

La comida tiene su propia energía y, por lo general, esta será la predominante. A ella se añade la de todas las personas que la han manipulado, con lo que la innata se modifica y se transforma en distintos grados. Una ofrenda de alimentos a una deidad es una ofrenda de la energía que contienen, pero también un sacrificio del beneficio físico que podría obtenerse de ellos (teóricamente, la recompensa espiritual por la ofrenda supera el beneficio físico sacrificado).

La comida y las estaciones

En el mundo actual podemos comer fresas en enero y cerezas en noviembre. Nos hemos olvidado de que antiguamente había que aprovechar la oportunidad de disfrutar de los alimentos de temporada dentro de un periodo de tiempo limitado. A medida que iban estando disponibles las distintas frutas y verduras, el cambio de estación se reforzaba en la mente de la comunidad. Las energías que se sienten durante las diferentes estaciones pueden también afectar a la de tu lar espiritual y a la de tu hogar. Por eso, prestarles atención es una buena forma de nutrir aún más tu lar espiritual y de hacer que tu hogar siga siendo un lugar cómodo de renovación.

Hoy en día podemos estudiar los aspectos estacionales y espirituales de los alimentos si compramos de forma regular en un mercado agrícola. Semana tras semana irán variando la cantidad y la calidad de los productos. Si te familiarizas con lo que está disponible en las distintas épocas del año en tu región, podrás comprender mejor esas energías y su influencia en la de la comida que preparas. Lleva regularmente a tu casa una selección de estos productos de temporada y prepáralos sintiendo su energía al tocarlos y saborearlos.

Prepara la comida de forma consciente

La comida tiene tanta presencia en la vida cotidiana que resulta fácil olvidar que es algo espiritual además de físico. Si limpias tu mente y te centras en cada uno de los movimientos y acciones que realizas mientras comes, entiendes mejor la nutrición espiritual que te aporta. En términos prácticos, relaja la mente y el cuerpo, lo que, a su vez, facilita el consumo y la digestión de los alimentos y aumenta tu aprecio por el sabor y la textura.

Comer solo para mantenernos vivos niega el aspecto espiritual de este acto. Haciéndolo de forma consciente creas una oportunidad para que esa conexión espiritual vuelva a surgir en tu vida. Para aumentar este aspecto de tu relación con la comida y el comer, prueba a hacer estas cosas:

- Cuando planifiques una comida, piensa en las diversas fuentes y orígenes de los distintos alimentos que quieres incorporar.
- Reflexiona sobre cómo la comida disponible en cada temporada refleja la energía del transcurso del año y cómo interiorizar esa energía a través de la comida te afecta a su vez.
- Aprovecha la oportunidad de preparar y comer alimentos de temporada y anota cómo influye en tu relación con la energía de la estación.
- Tómate el tiempo que necesites para preparar la comida de una forma relajada, consciente y centrada.
- No hagas otras cosas mientras estás comiendo; dedica el tiempo a tomar esa comida de una forma relajada, saboreando cada bocado y apreciando su energía.
- Intenta no cocinar si estás enfadada, resentida o asustada. La energía se transfiere a la comida y crea un entorno muy poco alentador.

- Come siempre sentada. Honra la comida y a las personas que te acompañan dedicando el tiempo necesario para saborearla.
- Antes de empezar a cocinar, detente, respira hondo y exhala conscientemente para centrarte en el momento.
- Como método para concentrarte, bendice la cocina encendiendo una vela que represente el fuego sagrado, que es en sí mismo una representación de la Diosa. También puedes rociar con un poco de agua la cocina para bendecir ese espacio si eso te ayuda. Puedes añadir un pellizco de sal en el agua.

Como en todos los demás trabajos que se hacen en esta habitación de la casa, si tu mente divaga cuando te pones a preparar la comida con un esquema mental espiritual o si te cuesta centrarte en ese aspecto de la tarea, no te estreses. Prueba a tocar tu altar o capilla o a pararte un momento delante de él antes de ponerte a trabajar para que te recuerde visualmente que vas a emprender un acto de este tipo. Encender unas velas sobre la mesa o pronunciar una bendición puede recordar también a todo el mundo este aspecto del acto de comer. Como mínimo, es clave estar mentalmente neutro o positivo para crear y consumir una comida que sea nutritiva tanto en términos espirituales como físicos.

Honra la energía espiritual de la comida que tomas reconociendo su presencia y su participación en tu propia práctica. Considera la comida que preparas y consumes como una forma de interactuar con el flujo natural de energía y respeta el tiempo que pasas comiéndola porque es un elemento de tu diálogo constante con tu espiritualidad. Al igual que sucede con otros objetos naturales, la comida puede enseñarte mucho acerca de ti y de tu relación con el mundo que te rodea. Comer y preparar los alimentos te ofrece la oportunidad de ponerte en contacto con la naturaleza y de celebrar a diario tu espiritualidad sin tener que hacer algo más formal. El simple hecho de escuchar lo que su energía te dice mientras los consumes de manera consciente te permite apreciar el flujo de energía y la afirmación de la vida y ampliar aún más tu práctica espiritual doméstica.

Si estás interesada en cocinar en un lar abierto, ya sea una chimenea o al aire libre, el libro de William Rubel *The Magic of Fire: Hearth Cooking: One Hundred Recipes for the Fireplace or Campfire* es una referencia estupenda.

Recetas

Las recetas de este capítulo se centran fundamentalmente en platos muy tradicionales asociados con el hogar. Eso no significa que solo las comidas tradicionales puedan ser espirituales o servir para rituales, sino, más bien, que tienden a basarse en temas muy esenciales como la comodidad y la atención a las necesidades básicas. En este capítulo vamos a centrarnos en dos alimentos esenciales que se hacen y se hacían fácilmente en el lar: el pan y los estofados o guisos. Estos dos tipos de platos representan algunas de las mejores cualidades asociadas con el lar: la armonía, la lenta mezcla de sabores y elementos dispares, el calor, la alimentación y la facilidad de elaboración.

Pan

El pan es, desde hace siglos, uno de los alimentos básicos del mundo occidental.

Receta tradicional básica de pan

Esta receta es de mi amiga Janice. Me ha dado permiso para compartirla contigo. Es una técnica muy clara y fácil. En general, hacer pan es sencillo y solo abruma a los principiantes. Si tienes panificadora, esta receta no es para ti. Merece la pena probar a hacerlo a mano para experimentar. En este caso se obtiene una barra grande o dos pequeñas.

Vas a necesitar:

- 2 tazas de agua templada
- 2 cucharadas soperas de azúcar (o miel)
- 1 cucharada sopera de levadura tradicional (no uses levadura instantánea ni para panificadora)
- 2 tazas de harina integral de trigo
- ½ cucharadita de sal
- Harina blanca
- Aceite de oliva u otro para cocinar

1. Vierte las 2 tazas de agua templada en una ensaladera (a ser posible de vidrio o de cerámica), añade el azúcar o la miel y disuelve totalmente.
2. Espolvorea la levadura y espera entre 5 y 10 minutos para que se active.
3. Incorpora 2 tazas de harina integral de trigo. Remueve hasta que no queden grumos grandes. A continuación, ve agregando poco a poco más harina integral de trigo y mezclándola bien hasta que la cuchara (preferiblemente de madera) se sostenga en el centro del bol durante un par de segundos antes de caerse. Debes conseguir una consistencia parecida a la de la masa para tartas.
4. Deja el cuenco en un lugar templado (lo ideal es entre 25-30 ºC o alrededor de 80 ºF) durante al menos dos horas

para que suba. Puedes cubrirlo con un paño húmedo y suave o no, como prefieras.

5. Añade la sal. Incorpora tanta harina blanca como admita la masa hasta que deje de pegarse a las manos y puedas formar una bola.
6. Espolvorea la mesa o la encimera con harina. Amasa durante al menos 5 minutos añadiendo la harina necesaria para que la masa siga estando «seca» y no se pegue.
7. Engrasa bien un molde de pan. Precalienta el horno a 190 ºC (375 ºF).
8. Forma una barra con la masa y colócala en el molde con el lado inferior hacia arriba. A continuación, dale la vuelta (es una forma rápida de conseguir que la mayoría de la parte superior de la barra quede engrasada). Pinta con un poco más de aceite cualquier zona que siga estando seca (si vas a hacer dos barras pequeñas, separa la masa en dos bolas iguales, da forma a las barras e introdúcelas en un molde engrasado).
9. Vuelve a dejar la masa en un lugar templado para que suba otra vez. Entre 45 minutos y 1 hora después tendrás una barra del tamaño final en el molde.
10. Hornea entre 30 y 35 minutos.
11. Saca el pan ya hecho del molde lo antes posible (en cuanto puedas manejarlo sin quemarte) y déjalo enfriar en una rejilla durante al menos 30 minutos.

Receta básica de pan para panificadora

Aquí tienes una receta básica de pan para la máquina. En los ingredientes se indica harina integral de trigo, pero también se puede hacer con harina blanca o con una mezcla de ambas en la proporción que quieras. El huevo le da un poco más de estabilidad, pero sale igual de bien sin él. Si no quieres usarlo, es posible que necesites algo menos de harina.

Se obtiene una barra de algo más de 1 kilo (2,5 libras). Si tu máquina no admite más de 1 kilo (2 libras), corta un tercio de la masa cuando haya subido la primera vez y deja que vuelva a subir por separado. A continuación, hornéala sobre una bandeja de horno dándole forma de hogaza pequeña. Si tu máquina tiene una capacidad todavía menor, resta 1 cucharadita de levadura y aproximadamente entre media y una taza de harina (empieza con 3 tazas y ve añadiendo más a medida que vayas mezclando para formar una bola lisa. Toma nota de la cantidad que has usado en total).

Vas a necesitar:

- ¾ de taza de leche
- ¾ de taza de agua templada
- 1 huevo grande (opcional)
- 1,5 cucharadas soperas de miel
- 1,5 cucharaditas de sal
- 4 tazas de harina integral de trigo
- 1 cucharada sopera de levadura

1. Introduce los ingredientes en el molde en este orden (o en el que indique el fabricante de tu máquina si no sigue el de líquidos básicos primero, luego la harina y por último la levadura).
2. Selecciona el programa para pan de sándwich básico y pon la máquina en marcha.

Bollitos básicos

Los bollitos son como una taza de té: sencillos de hacer, reconfortantes de tomar y rápidos y fáciles de servir a invitados inesperados o de hacer para ti en esas mañanas en las que necesitas un poco de cariño. Son estupendos para tomar por la mañana o en la merienda.

Esta receta se adapta bien si quieres añadir pasas, frutos secos con un poco de canela o fruta seca picada. Agrega aproximadamente media taza de cualquiera de ellos.

Vamos a utilizar leche entera pero, si la que tienes a mano es semidesnatada o desnatada, puedes usarla. En ese caso, añade un poco de nata o una cucharada de yogur para darle densidad. Si quieres un bollito más dulce, agrega miel al gusto.

Vas a necesitar:

- 2 tazas de harina integral de trigo y un poco más para las manos y para la bandeja del horno
- 3 cucharaditas de levadura en polvo
- ½ cucharadita de sal
- ¼ de taza de margarina o mantequilla no salada (a temperatura ambiente)
- 1 2 cucharadas soperas de miel
- ¾ de taza de leche (a ser posible, entera)
- 1 huevo grande

1. Precalienta el horno a 200 ºC (400 ºF).
2. En un bol grande, bate la harina, la levadura y la sal.
3. Con un cortador de pasta o dos tenedores, corta la margarina o la mantequilla.
4. En un bol pequeño, mezcla la miel con la leche y añádela a la harina.
5. Bate ligeramente el huevo con un tenedor (intenta hacerlo en el cuenco donde mezclaste la leche con la miel para aprovechar los restos que hayan quedado pegados en el fondo) y añádelo a la masa. Remueve para mezclar bien.

6. Enharina ligeramente la mitad de una bandeja de horno y pon la masa encima. Frótate las manos con un poco de harina y dale forma redonda.
7. Córtala en ocho cuñas pero sin llegar a separarlas. Los cortes deberán llegar a la mitad o los tres cuartos de la masa.
8. Hornea entre 20 y 25 minutos. Retira del horno y deja enfriar durante 5 minutos sobre la bandeja. Termina de hacer los cortes para separar totalmente las cuñas. Sirve templado con mantequilla, mermelada o nata coagulada (de Devonshire).

Estos bollitos pueden hacerse también por piezas. En lugar de poner directamente la masa en la bandeja de horno, enharina una encimera o una tabla y extiéndela sobre ella. Dale golpecitos con las manos enharinadas hasta que tenga unos 4 centímetros (1,5 pulgadas) de grosor. Corta los bollitos con un cortador redondo de unos 6 centímetros (2,5 pulgadas de diámetro). Cuando aprietes el cortador sobre la masa, no lo gires, porque los bollitos no subirían lo bastante. Levántalos con una espátula plana o acodada y ponlos en la bandeja de horno. Vuelve a juntar la masa y sigue cortando hasta que no quede suficiente para llenar el cortador. Haz una bola con los restos y aplástala con las manos hasta que tenga aproximadamente la misma altura que los trozos que has cortado y colócala en la bandeja. Hornea entre 18 y 20 minutos a 200 ºC (400 ºF) vigilando atentamente.

Focaccia

La palabra *focaccia* deriva del término latino *focus*, que significa 'lar o centro del hogar'. En esencia es, por tanto, un pan del lar. Para los antiguos romanos, el *panis focaccia* era un pan sin levadura que se hacía en las brasas del lar. Puede que lo conozcas como pan italiano sin levadura, pero muchas culturas tienen su propia versión.

Esta es la receta básica. Resulta extremadamente flexible y adaptable. Si tienes una receta favorita de masa para pizza, puedes usarla. Yo, de hecho, uso esta también con ese fin. Muchas veces separo un tercio para hacer focaccia y uso los otros dos tercios como base para una pizza casera. Lo mejor es comerla recién salida del horno. Si la guardas para el día siguiente, pierde parte de su personalidad.

En esta receta se utiliza harina blanca y harina integral de trigo a partes iguales, pero puedes emplear la combinación que más te guste. Le puedes poner por encima una gran variedad de ingredientes, como cebolla picada fresca, ajo, aceitunas picadas y tomates secos. El único límite es tu imaginación. Si te apetece, puedes amasarlos para incorporarlos a la masa. Acuérdate de regar por encima con aceite de oliva y espolvorear con sal.

Con esta receta se obtienen dos focaccias o pizzas de aproximadamente 30 centímetros (12 pulgadas) de diámetro y se puede dividir por la mitad fácilmente para hacer solo una.

Vas a necesitar:

- ½ taza de agua templada
- 1 cucharada sopera de miel
- 2 cucharaditas de levadura
- 2 tazas de harina y 2,5 tazas más
- 1,5 cucharaditas de sal
- 2 cucharadas soperas de aceite de oliva
- Agua templada
- Harina de maíz para espolvorear sobre la bandeja

Condimentos para poner por encima:

- Aceite de oliva
- Sal marina kosher
- ½ taza de queso parmesano recién rallado
- Perejil

- Albahaca
- Orégano

1. En un bol pequeño o una taza mezcla el agua con la miel. Espolvorea la levadura por encima. Deja reposar entre 8 y 10 minutos hasta que espume.
2. En un bol grande mezcla 2 tazas de harina y la sal. Añade la levadura y el aceite y remueve bien.
3. Mientras mezclas, ve añadiendo agua templada y la harina restante de forma alterna según consideres necesario hasta formar una bola de masa que se despegue de los bordes del bol.
4. Coloca la masa sobre una superficie enharinada y amásala para ir incorporando el resto de la harina. Hazlo unos 5 minutos hasta que esté suave y elástica.
5. Engrasa ligeramente un bol limpio e introduce la masa en él dándole vueltas para que se recubra de aceite. Tápala con un paño húmedo y déjala en un lugar templado durante una hora para que suba hasta duplicar su tamaño.
6. Precalienta el horno a 220 ºC (425 ºF).
7. Saca la masa del bol y aplástala. Córtala por la mitad y tapa uno de los trozos mientras trabajas con el otro. Amásalo brevemente y dale golpecitos para formar un círculo de unos 2 centímetros (3/4 de pulgada) de grosor (o el que prefieras).
8. Engrasa ligeramente una bandeja de horno y espolvoréala con harina de maíz. Coloca encima el círculo de masa y hazle unas hendiduras con los dedos. Deja que suba unos 20 minutos. Si prefieres un pan más plano, introdúcelo directamente en el horno.
9. Pinta la superficie de la masa con aceite de oliva. Espolvoréalo con sal marina gruesa y, a continuación, con ¼ de taza de queso parmesano rallado y perejil, albahaca y orégano al gusto. Repite la operación con la otra focaccia.

10. Hornea durante 20 minutos o hasta que esté dorada. Deja enfriar hasta que se pueda manipular y córtala en cuñas.

Pan de maíz

Aquí tienes otro pan muy rápido y fácil de hacer. Es estupendo para acompañar los estofados o los chiles. Puedes usar un molde cuadrado de 20 × 20 centímetros (8 × 8 pulgadas) o uno redondo, aunque también se puede hornear en una sartén apta para horno. ¿Por qué no intentas hacerlo en tu caldero de hierro fundido? Asegúrate de que sea suficientemente grande. Lo ideal es que tenga 20 centímetros (8 pulgadas) de diámetro.

Vas a necesitar:

- Aceite para engrasar el molde
- 1 huevo grande (batido)
- 1 taza de leche
- ¼ de taza de aceite (vegetal o de oliva)
- 1 cucharada sopera de azúcar
- 2 tazas de harina de maíz amarilla (puedes sustituir hasta la mitad por harina de trigo)

1. Calienta el horno a 220 ºC (425 ºF). Engrasa el interior del molde e introdúcelo en el horno.
2. Bate el huevo en un bol mediano y añade la leche y el aceite. Incorpora el azúcar y luego la harina de maíz removiendo lo justo para que se humedezca. La masa debe estar grumosa. No la mezcles demasiado.
3. Retira con cuidado el molde del horno y vierte en él la masa. Vuelve a introducirlo en el horno.
4. Hornea entre 20 y 30 minutos o hasta que la superficie esté dorada y, al pinchar con un cuchillo en el centro, este salga limpio. Sírvelo templado.

Estofados y guisos

Estas recetas constituyen un magnífico plato único. Los alimentos asociados al lar tienden a ser fáciles de preparar y a menudo no necesitan acompañamiento.

Estofado de ternera

Observarás la ausencia de patatas en esta receta. Aunque suelen incluirse en los estofados de ternera, este se sirve sobre un cuenco de arroz integral. Si deseas incorporarlas, córtalas en dados y añádelas con la salsa de tomate. Esta receta es para cuatro personas.

Vas a necesitar:

- Carne de ternera en dados (unos 750 gramos / 1,5 libras)
- ⅓ de taza de harina
- Sal al gusto
- Pimienta al gusto
- 1 cucharada sopera de aceite de oliva
- 1 cebolla grande pelada y picada
- 4 o 5 zanahorias medianas raspadas y cortadas en rodajas
- 3 tallos de apio lavados y picados
- 1 diente de ajo muy picado
- ⅓ de salsa de tomate
- 1 taza de caldo de ternera
- ½ taza de vino (blanco o tinto)
- 2 hojas de laurel
- 1 cucharadita de orégano
- 1 cucharadita de albahaca
- Champiñones pequeños (opcional)

1. Mezcla los dados de ternera con la harina, la sal y la pimienta en un bol mediano.

2. Calienta el aceite de oliva a fuego medio en un puchero grande. Introduce la cebolla, las zanahorias y el apio. Rehoga hasta que la cebolla se ablande y comience a emanar su aroma (entre 5 y 7 minutos). Añade el ajo y rehoga durante un minuto más.
3. Si lo consideras necesario, agrega un poco más de aceite de oliva. Introduce los dados de ternera enharinados y remueve constantemente para dorarlos.
4. Agrega la salsa de tomate y sigue removiendo. Incorpora el caldo y el vino.
5. Añade las hojas de laurel y las otras hierbas al gusto. Rectifica de sal y pimienta. Introduce los champiñones si vas a ponerlos.
6. Tapa y reduce el fuego al mínimo. Deja que hierva lentamente durante 3 horas. Retira las hojas de laurel antes de servir.

Pollo a la cazadora

El mejor acompañamiento para este guiso de pollo con tomate son los fideos. Yo prefiero usar muslos porque tienen un sabor más intenso, pero también se puede hacer con pechugas. Para tres o cuatro personas.

Vas a necesitar:

- Muslos de pollo (aproximadamente 1 kilo / 2 libras)
- ⅓ de taza de harina
- Sal al gusto
- Pimienta al gusto
- Champiñones frescos pequeños (o grandes cortados en dados)
- 1 cucharada sopera de aceite de oliva
- 1 cebolla grande pelada y picada
- 1 diente de ajo muy picado

- ⅓ de salsa de tomate
- 1 taza de caldo de pollo
- ½ taza de vino (tinto o blanco)
- 2 hojas de laurel
- 1 cucharadita de orégano
- 1 cucharadita de albahaca

1. Corta el pollo en trozos de aproximadamente 2,5 × 7 centímetros (1 × 3 pulgadas) y mézclalos en un bol grande con la harina, la sal y la pimienta.
2. Calienta el aceite de oliva en un puchero grande a fuego medio. Rehoga la cebolla picada hasta que esté blanda y aromática (entre 5 y 7 minutos). Añade el ajo y rehoga 1 minuto más.
3. Agrega un poco más de aceite de oliva si lo consideras necesario. Introduce el pollo enharinado y remueve sin parar para dorarlo.
4. Incorpora la salsa de tomate y sigue removiendo. Añade el caldo y el vino.
5. Introduce las hojas de laurel y las demás hierbas al gusto. Incorpora los champiñones si quieres ponerlos. Rectifica de sal y pimienta.
6. Tapa y reduce el fuego al mínimo. Deja cocer lentamente durante 1 hora. Retira las hojas de laurel antes de servir.

Chile de champiñones y ternera

Este es mi guiso favorito para los días de frío. Te sugiero que lo sirvas con focaccia, aunque va bien con cualquier pan denso o de maíz.

Vas a necesitar:

- 4-6 champiñones grandes
- 1 taza de vino tinto (o más, según tu gusto)

- 1 cucharada sopera de aceite de oliva
- 2 cebollas medianas peladas y cortadas en rodajas
- 1 kilo (2 libras) de carne picada de ternera
- 2 latas de 400 gramos (14,5 onzas) de tomate picado
- 1 lata de 170 gramos (6 onzas) de tomate triturado
- 1 lata de 450 gramos (15,5 onzas) de alubias rojas (o 2 latas de alubias mixtas)
- 2 hojas de laurel
- Chile en polvo o seco al gusto
- Sal al gusto
- Pimienta al gusto

1. Pica los champiñones en daditos pequeños de aproximadamente 1 centímetro (1/2 pulgada) e introdúcelos en un bol mediano. Vierte el vino tinto por encima, refrigera y deja marinar durante al menos 2 horas. Remueve de vez en cuando para asegurarte de que todos los champiñones se mezclen bien con el vino.
2. Calienta el aceite de oliva a fuego medio en un puchero grande. Introduce las rodajas de cebolla y rehógalas hasta que estén blandas y aromáticas (entre 5 y 7 minutos).
3. Añade la carne picada y rehógala hasta que esté dorada. Retira la grasa.
4. Agrega el tomate picado y el triturado. Remueve.
5. Incorpora las alubias.
6. Introduce los champiñones con el vino tinto. Añade las hojas de laurel y el chile en polvo o seco. Salpimenta al gusto. Si lo deseas, puedes agregar más vino tinto.
7. Reduce el fuego al mínimo y deja que hierva lentamente durante al menos 3 horas.
8. Sirve con focaccia templada. Si lo deseas, puedes poner un queso fuerte o muy curado rallado por encima de cada cuenco.

CAPÍTULO 10

Hierbas, hechizos y demás magia relacionada con el hogar

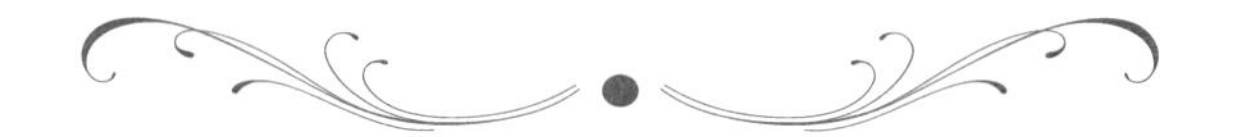

COMO EL CAMINO DE LA BRUJA en casa gira en torno al hogar y la familia, un capítulo dedicado a trabajos de artesanía y técnicas que te permitan compartir tu magia del lar parece esencial. En este capítulo vamos a estudiar técnicas básicas de la práctica mágica que resultan especialmente apropiadas para la magia del lar. Es el caso, por ejemplo, de la magia con plantas. Estas actividades y manualidades están basadas en el hogar porque su objetivo es realzar el entorno hogareño y su salud y felicidad.

La magia de las hierbas

Cuando hojees libros de hierbas, ya sean mágicos o de cualquier otro tipo, observarás que la mayor parte de las plantas están asociadas de un modo u otro con la protección y el amor. La razón es muy sencilla: las hierbas y las cosas verdes son reflejos del mundo natural y estas asociaciones tan comunes son también dos de las cosas más deseadas, consciente o inconscientemente, por la humanidad. Tanto el amor como la protección son dos temas importantes en la brujería del hogar. Amor no significa necesariamente hacer hechizos románticos ni seducir a alguien para que se enamore de ti. Este es un error muy común. Como bruja de la casa quieres que tu hogar sea un lugar lleno de amor hacia la familia y los amigos. Y también es importante el amor hacia una misma, porque significa aceptación y apoyo, algo que a menudo es más raro de lo que debería ser.

Si estás interesada en el trabajo con la energía de las hierbas, echa un vistazo a mi libro *La bruja verde*. En él encontrarás muchas ideas para incorporar hierbas y otros elementos del mundo natural a tu trabajo espiritual y mágico.

Para personalizar tus actividades espirituales o mágicas, elige una hierba o piedra distintiva y añádela a todo tu trabajo mágico. Encántala primero con tu energía personal. Sostenla y visualiza que esta energía fluye desde tu corazón, asciende por tus brazos hasta tus manos y es absorbida por las hierbas o la piedra.

Infusiones y bebidas

La forma más básica de hacer una infusión es sumergir plantas frescas o secas en agua muy caliente. El líquido resultante es la infusión. Este método resulta especialmente eficaz para las hojas, las flores y la fruta machacada.

Si el material vegetal es duro o denso, como suelen ser las cortezas, las raíces o las agujas, entonces es preferible hacer una decocción. Para ello se hierve o se calienta la planta en agua durante un periodo de tiempo más prolongado.

¡Aviso! Asegúrate de que sabes lo que haces si quieres preparar algo para beber. Utiliza libros de referencia fiables para identificar y elaborar medicinas o bebidas a base de hierbas.

Si deseas obtener un líquido más duradero, puedes preparar una tintura. Por lo general es también más fuerte que una infusión. Se hace sumergiendo la planta en una base estable y duradera como el alcohol o la glicerina.

Aquí tienes algunos ejemplos de infusiones y decocciones básicas.

- Para hacer agua de hierbas o de flores, introduce aproximadamente dos puñados de la planta elegida en una botella o un tarro esterilizado que tenga tapa. Vierte agua hirviendo por encima en la cantidad justa para que cubra la planta, pero no más. Tapa, agita y deja enfriar. Agita dos o tres veces por semana. Al cabo de unos diez días, cuela y guarda el agua en un tarro o botella limpio. Si quieres intensificar el aroma, sumerge más plantas en la infusión. Este preparado puede utilizarse como loción corporal o como aditivo para el agua con la que te laves. También es un ambientador muy suave con el que puedes pulverizar las habitaciones.
- Para hacer un vinagre de hierbas, introduce un puñado de la planta elegida en un tarro limpio con tapa. Vierte vinagre por encima en la cantidad justa para que cubra la planta, pero no más. Deja reposar en el frigorífico entre una y tres semanas. Una vez transcurrido ese tiempo, cuela y pasa a una botella limpia y etiqueta con el nombre y la fecha. Utilízalo en lugar del vinagre normal o como aditivo para el agua con la que limpias suelos o ventanas.

- Para hacer aceites de hierbas, introduce un puñado de la planta elegida en una cazuela pequeña y vierte por encima una taza de aceite de oliva suave o de cártamo. Calienta a fuego lento durante quince minutos y luego vierte tanto el aceite como la planta en un tarro limpio. Tapa con una capa doble de gasa de quesero y átala con una goma. Deja reposar en un lugar soleado entre diez días y dos semanas. Al cabo de ese tiempo, cuela el aceite e introdúcelo en una botella limpia, tapa y etiqueta con el nombre y la fecha. Puedes utilizarlo para cocinar (si la planta es comestible) o para ungir objetos, ventanas, puertas y demás.

Estas son otras formas de usar las infusiones y otros extractos similares:

- Para hacer pulverizadores de hierbas o flores introduce una infusión recién hecha pero ya fría en una botella limpia con pulverizador y rocíala por el aire. También puedes poner unas gotas de una decocción o una tintura en una botella de agua limpia y agitarla para mezclarla. Lo que importa no es la cantidad sino la energía que contienen las gotas.
- Para preparar un limpiasuelos, pon una infusión, unas gotas de decocción o tintura o unas pocas gotas de aceite esencial en un cubo de agua limpia. Pasa la fregona o moja un paño limpio en el agua y úsalo para limpiar paredes, marcos de las puertas, alféizares de las ventanas y demás.
- Para el baño, añade una infusión, una decocción o unas gotas de tintura o aceite al agua de la bañera.

Aquí tienes algunas sugerencias de mezclas vegetales que puedes usar para aplicaciones muy diversas como popurrís, polvos para espolvorear o barrer, en botellas cerradas como talismanes o para sumergir en agua, colar y emplear como pociones para ungir. Si no soportas el olor de alguna de estas plantas o especias o si sabes que tu energía personal no interactúa bien con ella, no la uses y encuentra un sustituto que tenga una energía similar.

- **Para mejorar la productividad prueba:** canela, clavo, pimienta de Jamaica, jengibre
- **Para favorecer la curación prueba:** verbena, rosa, manzanilla
- **Para relajarte prueba:** rosa, manzanilla, lavanda
- **Para mejorar la comunicación prueba:** albahaca, clavel, lavanda
- **Para aumentar la protección prueba:** verbena, romero, un pellizco de sal, clavo

Popurrí

Existen dos tipos de popurrís: secos y húmedos. Los secos son lo más sencillo del mundo: una mezcla de hierbas, flores y especias secas colocada en un plato abierto para perfumar el aire y dejar que su energía se extienda suavemente. Los húmedos son solo ligeramente más complicados: se coloca el popurrí en un puchero de agua y se pone a cocer muy lentamente en la cocina. Si alguna vez has preparado vino o sidra caliente con especias, es un proceso similar.

Cuando hagas un popurrí, es una idea muy bonita poner una cucharada en un plato y colocarlo en la capilla de la cocina o del lar como ofrenda. Los secos son también muy apropiados para rellenar almohadas de hierbas, saquitos, muñecas y demás.

Receta básica de popurrí seco

No piques las plantas. Si son frescas y quieres secarlas tú misma para tu popurrí, intenta machacar los aceites naturales lo menos posible porque esos son los que dan a las flores y especias secas su perfume. Cuando estén secas, desmenúzalas en trozos grandes. La raíz de orris es fijadora y te ayudará a mantener las propiedades de los aceites esenciales naturales y añadidos y a conservar durante más tiempo el perfume de la mezcla. Como norma general, usa 2 cucharadas soperas de raíz en polvo por cada taza de mezcla de plantas secas.

Vas a necesitar:

- Hierbas secas
- Flores secas
- Especias secas
- Raíz de orris en polvo
- 6 gotas de aceite esencial por cada taza de mezcla seca

1. Introduce todas las plantas secas (incluida la raíz de orris en polvo) en un cuenco y mézclalas con las manos. Añade el aceite esencial y vuelve a mezclar.
2. Mantén la mezcla en un recipiente cerrado durante al menos 2 semanas para que suavice o madure. Esto permite que se junten los aromas. Ábrelo y remueve una vez al día para evitar que las plantas se enmohezcan. Aunque creas que están perfectamente secas, siempre puede quedar algo de humedad.
3. Cuando esté listo, pon el popurrí en un recipiente abierto y colócalo en la zona en la que quieras que actúe su energía.

Es importante no olvidarse de él una vez colocado en su sitio. Va acumulando polvo y la exposición al aire y a la energía de la habitación va poco a poco debilitando la de sus componentes. Cuando creas que esta energía ha expirado, haz uno nuevo. El usado puedes enterrarlo o echarlo al compost.

Jabón de popurrí

Uno de los usos del popurrí seco es como aditivo para las bolas de jabón. Tienen un perfume suave y son muy fáciles de hacer porque emplean como base jabón rallado. El de Castilla está fabricado con aceite de oliva y puede encontrarse en herbolarios y tiendas de comercio justo. Si no lo encuentras, utiliza uno suave como el Dove.

Vas a necesitar:

- 1 cucharada sopera de popurrí seco
- 2 pastillas de jabón de Castilla (o 1 taza de jabón en escamas)
- Rallador
- Recipiente apto para el microondas
- Agua hirviendo (aproximadamente 30 mililitros)
- Un palillo chino
- 5 gotas de aceite esencial (opcional)
- Guantes de goma
- Bandeja o fuente de horno recubierta de papel de aluminio

1. Si el popurrí tiene trozos muy grandes, machácalo para hacerlos más pequeños.
2. Ralla las pastillas de jabón en un recipiente apto para el microondas. Incorpora 1 cucharada sopera de agua hirviendo y remueve con el palillo.
3. Introduce la mezcla en el microondas al 80 por ciento de potencia durante 10 segundos cada vez hasta que empiece a fundirse y burbujear. Retira y remueve con el palillo; si la

mezcla está demasiado dura y no se pega, añade unas gotas más de agua hirviendo.

4. Agrega una cucharada sopera de popurrí y remueve. Si lo deseas, incorpora unas gotas de aceite esencial y vuelve a remover.
5. Ponte los guantes de goma. Coge una pequeña cantidad de la mezcla con los dedos y forma una bola. Ve colocándolas todas sobre la bandeja o fuente recubierta de papel de aluminio para que se sequen.

Popurrí caliente

El popurrí caliente es una forma más activa de difundir aroma y energía por un espacio, aunque resulta menos permanente. Además, aporta humedad al ambiente, lo que lo convierte en una excelente actividad invernal. Reserva una cazuela pequeña solo para este fin y no la utilices jamás para preparar comida. Los aceites esenciales pueden quedarse adheridos a las paredes de los pucheros.

Las rodajas de manzana secas y las cáscaras de cítricos son unos fijadores especialmente buenos para los popurrís calientes. Guarda las pieles de pomelos y naranjas y córtalas en cuadraditos de un par de centímetros (1 pulgada) o corta las manzanas en rodajas de medio centímetro (¼ de pulgada) de grosor. Déjalas secar y luego añade unas gotas del aceite esencial que prefieras y guárdalas en un recipiente con tapa. Ábrelo y remueve el conjunto todos los días hasta que las pieles o las manzanas hayan absorbido los aceites.

Como norma general, usa media taza de mezcla de hierbas y 2 tazas de agua. Introduce todo en una cazuela, ponla sobre el fuego y deja que cueza despacio a fuego lento. Comprueba cada cuarto de hora, más o menos, para asegurarte de que no se ha evaporado el agua. Ve añadiendo la que necesites.

Los popurrís calientes pueden reutilizarse. Cuela el agua de la cazuela y extiende las plantas sobre un paño de cocina para que se sequen o recubre un colador con un paño y cuela el contenido del cazo dejando que las plantas se sequen en él (extiéndelas lo más posible y remuévelas una o dos veces al día para que el aire circule y facilite el proceso de secado). Ten en cuenta que pueden teñirlo. Usa uno viejo o de color oscuro. Cuando el popurrí esté seco, guárdalo en un cuenco o tarro para usarlo la próxima vez. Etiqueta el recipiente con la mezcla y su propósito. El popurrí hecho con hierbas pulverizadas, como las que puedes tener en el especiero, no puede secarse y reutilizarse.

Otra posibilidad es rellenar con la mezcla un saquito de muselina o de algodón sin blanquear e introducirla en el agua como si fuese una bolsita de té de tamaño extragrande o usar una bolsita de té en forma de saquito diseñada para las mezclas caseras. Puedes incluso ponerlo en un cuadrado de gasa de quesero doblada, levantar las esquinas envolviendo las plantas y atarlo con hilo de cocina normal.

Existen unas ollas especiales diseñadas para calentar popurrís que parecen tazas de cerámica con una cámara parcialmente abierta por debajo para meter una vela y otras que funcionan con electricidad, como diminutas ollas de cocción lenta. Resultan innecesarias si tu cocina está situada en una zona central de la casa desde la que se difunde bien el aroma de la infusión, pero, si lo que quieres es usar el popurrí en una habitación que esté lejos de ella, puedes mirar una de estas opciones. Sigue las normas lógicas de seguridad con estos aparatos y vigila el nivel del agua. También deben estar siempre muy limpios para evitar que salgan ardiendo o se rajen. Si tienes radiadores de los antiguos, puedes poner encima un cuenco para que calienten el agua del popurrí. Ten cuidado si usas este método del cuenco abierto y tienes niños o mascotas.

Popurrí caliente para las vacaciones de invierno

Aquí tienes un popurrí caliente muy sencillo que puedes usar en las vacaciones de invierno.

Vas a necesitar:

- 2 cucharadas soperas de canela en polvo (o 2 ramas grandes o 3 pequeñas de canela)
- 1 cucharada sopera de jengibre molido
- 1 cucharada sopera de clavo en grano (o 1 cucharadita de clavo molido)
- 1 cucharada sopera de pimienta de Jamaica molida
- 1 anís estrellado entero
- Cáscara seca de limón o de naranja (opcional)
- Agua

1. Introduce las especias en un cazo mediano. Llénalo con agua hasta un par de centímetros (1 pulgada) del borde.
2. Calienta suavemente el cazo a fuego bajo. Deja hervir despacio para que libere el aroma. Vigila el nivel del agua. Cuando baje, puedes rellenar con más y dejar que siga hirviendo o retirar del fuego. Ten en cuenta que el perfume perdurará incluso después de haber apagado el fuego y retirado el cazo. El tiempo que tarda en disiparse depende de cómo sea tu casa y de lo bien que circule el aire.

Polvos para espolvorear

Los polvos para espolvorear se utilizan para distribuir la energía de una hierba o de una mezcla de hierbas por una zona. Pueden dejarse permanentemente (por ejemplo, al aire libre) o durante un tiempo concreto y luego barrerse o aspirarse (si la intención es absorber energía negativa o no deseada).

Aquí tienes otro uso para los polvos: frota una vela con aceite (de oliva corriente o un oleomacerado que hayas hecho tú misma) y luego recúbrela con los polvos para espolvorear. De ese modo la cargarás con las energías asociadas con tu ofrenda o petición.

La forma más fácil de hacer este tipo de polvos es pulverizar completamente una hierba o una mezcla, ya sea con la batidora o con el molinillo de café o en el mortero, y espolvorearla cuando desees poner la energía a trabajar. Si lo prefieres, también puedes pulverizar la hierba o hierbas y luego mezclarlas con un portador neutro como el almidón de maíz o el bicarbonato sódico (no se recomienda usar polvos de talco porque pueden provocar problemas cuando se inhalan). Si usas un serrín fino como base, puedes quemar el polvo resultante como incienso sobre una pastilla de carbón vegetal (asegúrate de que el serrín que uses se puede quemar; el de las carpinterías suele ser de madera tratada con sustancias químicas que resultan peligrosas si se queman y se inhalan).

Incienso suelto

En el capítulo 7 vimos cómo se prepara incienso suelto purificador. Aquí te muestro unas instrucciones básicas para elaborar un incienso de resina y hierbas sueltas que puedes quemar en una pastilla de carbón vegetal.

Incienso de hierbas y resina

Puedes usar cualquier combinación de resinas y materia vegetal siempre y cuando sepas que se pueden inhalar sin peligro cuando se queman.

Vas a necesitar:

- 1 parte de resina (varias mezcladas o una sola)
- Mortero
- 1 parte de planta seca
- Una botellita o tarro con tapa

1. Introduce la resina o resinas en el mortero. Machácalas suavemente hasta obtener trocitos pequeños. Pásalos al tarro. Si queda algún residuo en el mortero, ráspalo con cuidado y échalo al tarro.
2. Introduce la planta seca en el mortero. Májala para obtener trocitos pequeños y pásalos al tarro.
3. Tapa el tarro y agítalo suavemente para que se mezcle todo muy bien. Etiqueta con los ingredientes, el nombre y la fecha.

Bolas de incienso

Las bolas de incienso son una alternativa divertida al suelto y muy útiles si quieres incluir sustancias líquidas. Los ingredientes básicos son las resinas molidas, las hierbas secas pulverizadas y un líquido (como miel o vino). Estas bolitas son fáciles de usar porque se quedan en la pastilla de carbón vegetal, luego no hay que limpiar apenas nada y se queman lentamente para ir soltando la energía de manera uniforme y constante. También se almacenan muy bien y son una buena ofrenda para tu capillita, incluso sin quemar. El término *bola* puede llevar a confusión. En realidad vas a hacer gránulos pequeños del tamaño de un garbanzo o una alubia. Si son mayores, no arden bien.

Las bolas de incienso se queman sobre una pastilla de carbón vegetal. Asegúrate de que usas una apta para interiores. Se suelen vender en tiendas de productos religiosos o étnicos. El carbón vegetal de bambú en concreto es una opción muy buena porque no contiene salitre; lo puedes encontrar en mercados asiáticos y barrios chinos. No uses nunca carbón para barbacoas porque el humo que suelta puede ser tóxico si se concentra dentro de casa.

Si prefieres hacer incienso combustible –un incienso que arde por sí solo–, tendrás que incluir un ingrediente que prenda, como el serrín fino, y otro aditivo como el salitre (nitrato de sodio o de potasio) o carbón vegetal molido, que lo contiene. Si te interesa probar a hacer este tipo de incienso, Scott Cunningham ha reunido recetas e instrucciones en su libro clásico *El libro completo de inciensos, aceites e infusiones*.

Las proporciones básicas para hacer bolas de incienso son las siguientes:

- 1 taza de una mezcla de incienso suelto (hecha con resinas, maderas, hierbas, flores)
- ½ taza de fruta seca picada (uvas pasas, cáscaras de fruta, orejones)
- 1 cucharada sopera de miel
- Un chorro de aceite o vino

Aquí tienes una lista de posibles ingredientes para las bolas. No es necesario que los uses todos. Elige entre ellos los que más te apetezcan. Recuerda, eso sí, que debes mantener la proporción de 1:1 de resinas y materia vegetal.

- **Resinas**: mirra, incienso, benjuí, copal
- **Hierbas**: raíz de orris, lavanda, sándalo, pétalos de rosa, cedro, canela, nuez moscada, laurel, clavo, jengibre, romero
- **Sustancias aglutinantes**: miel, vino, frutas confitadas, como los orejones o las pasas.
- **Aceites esenciales**: opcionalmente puedes añadir también unas gotas de aceite esencial, ya sea para realzar el perfume de una de las hierbas que estés usando o para complementarlo.

Bolas de incienso

Deja secar estas bolas en una superficie plana antes de introducirlas en un tarro cerrado para que terminen de secar y de madurar. Meterlas húmedas puede ser contraproducente porque pueden generar moho o pegarse unas a otras y formar una masa, lo que dificulta la tarea de coger una sola para quemarla.

Un truco para que la tarea de machacar o pulverizar resinas resulte menos complicada: congélalas durante un cuarto de hora antes de hacerlo. De ese modo resultan más fáciles de pulverizar y reduces la posibilidad de que el calor de la fricción las funda y haga que se peguen al mortero.

Vas a necesitar lo siguiente en las proporciones ya mencionadas:

- Las resinas que elijas
- Mortero
- Bol para mezclar (o molinillo de café)
- Las hierbas que elijas

- Un palillo chino
- La sustancia aglutinante que elijas (como miel o vino; también puedes añadir frutas picadas)
- Los aceites esenciales que elijas (opcional)
- Guantes de goma
- Bandeja o fuente recubierta de papel encerado
- Tarro o botella con tapa

1. Machaca las resinas en el mortero o muélelas en el molinillo de café (reservado solo para trabajos de artesanía). No hace falta que las pulverices, basta con que las reduzcas a trocitos pequeños. Recuerda que el calor de la fricción que se produce al molerlas puede fundirlas ligeramente y ponerlas pegajosas. Una vez machacadas, vuélcalas a un bol.
2. Muele las hierbas secas en trocitos pequeños y añádelas a las resinas. Remueve con un palillo chino para mezclarlas.
3. Incorpora la fruta seca picada, si la vas a usar como parte del material de unión. Vierte la miel y el vino sobre la mezcla y, a continuación, añade los aceites esenciales, si vas a usarlos. Remueve para combinarlo todo. La mezcla debe empezar a apegotonarse. Intenta formar una bolita; si se desmenuza, añade más miel o vino para humedecer un poco más la mezcla y vuelve a probar.
4. Ponte los guantes de goma. Coge un poquito de mezcla y forma una bolita del tamaño de un garbanzo o ligeramente mayor. Ve colocándolas todas en la bandeja recubierta de papel encerado y deja que se endurezcan y se sequen entre 10 días, como mínimo, y 2 semanas (dependiendo de la cantidad de fruta o líquido que hayas usado). Al cabo de ese tiempo, pásalas a un tarro con tapa. Etiquétalo con los ingredientes, el nombre y la fecha.

Labores de aguja

Las labores de aguja de cualquier tipo son una forma de alterar, cambiar, transformar o recolocar algo y, como tal, constituyen una base excelente para el trabajo mágico relacionado con el hogar. Aunque sea algo tan simple como hacer el dobladillo de unas cortinas nuevas o un mantel con un rectángulo de tela, la costura, como cualquier otra artesanía, puede realzar y profundizar la energía de tu hogar y de tu lar espiritual.

En esta sección no vamos a entrar en labores muy complicadas sino que nos vamos a centrar en una simple almohadilla para dormir. Si estás interesada en otras labores que incluyan la costura o el bordado, consulta los libros *Magical Needlework*, de Dorothy Morrison, o *Witch Crafts* y *The Crafty Witch*, de Willow Polson.

Almohadillas de hierbas para dormir

Uno de los aspectos del cuidado de nuestra familia y nuestro hogar es asegurarnos de que todos duermen lo suficiente para estar bien descansados y ser capaces de actuar con la máxima eficiencia. Si a ti o a tus pequeños os cuesta dormir, fabrica una almohadilla pequeña para estimular el sueño reparador que puedes meter debajo de tu almohada grande. El eneldo y la lavanda son dos plantas asociadas con el sueño.

Intenta usar un material prieto como el fieltro para que no lo atraviesen los trocitos de eneldo seco. Si quieres usar una tela concreta más fina, ponla doble. El color y el dibujo son a tu elección, aunque es preferible usar un color suave y no un diseño brillante o abigarrado.

Vas a necesitar:

- Un rectángulo de tela de aproximadamente 12 × 17 centímetros (5 × 7 pulgadas)
- Aguja e hilo (de un color complementario o del mismo que la tela)
- Un puñado de eneldo seco
- Un puñado de lavanda seca
- 1 cucharadita de raíz de orris seca en polvo
- Un cuenco pequeño
- Alfileres

1. Dobla la tela por la mitad para obtener un rectángulo más pequeño. Si estás usando una tela que tenga derecho y revés, junta los dos derechos. Cose dos de los lados abiertos con un pespunte para formar una bolsita. Dale la vuelta para que las costuras queden por dentro.
2. Mezcla el eneldo, la lavanda y la raíz de orris en polvo en el cuenco y remueve con los dedos para obtener una mezcla uniforme.
3. Vierte las hierbas en la bolsita.
4. Dobla los bordes del lado abierto hacia dentro. Sujétalos con alfileres y cóselos.
5. Mete la almohadillita dentro de la funda de la almohada grande. Si es para un niño pequeño, colócala en una balda o cuélgala de un gancho o de un clavo en la pared junto a la cama asegurándote de que queda fuera de su alcance.

Botellas amuleto

Las botellas amuleto son colecciones de objetos que comparten una energía similar y se juntan en un lugar con un propósito concreto. También se llaman botellas de bruja y suelen utilizarse como método de protección, aunque puedes elegir el fin que quieras darles. Pueden ser tan temporales o permanentes como lo necesites. Si son permanentes, puedes hacerlas lo más atractivas posible para facilitar su exhibición en tu capilla o en las habitaciones donde vayan a actuar. Puedes incluso pintarlas de un solo color o adornarlas con diseños abstractos.

La técnica básica para hacer una botella amuleto es sencilla. Introduce los siguientes elementos en un tarro o botella del tamaño apropiado para tu propósito:

- Hierbas que potencien ese objetivo
- Piedras que potencien ese objetivo
- Monedas
- Símbolos (figuritas de barro o dibujadas en un papel)
- Un escrito en papel (enrollado y atado con una cinta de seda o de algodón de un color apropiado)

Cierra bien la tapa y, si lo deseas, séllala con cera haciendo gotear una vela encima de ella. Si quieres tener la botella en tu hogar, decórala como te apetezca con *decoupage*, *collage*, símbolos pintados por fuera (runas, símbolos espirituales, sellos o cualquier cosa que elijas). Puedes barnizarla y proteger así tu obra de arte.

Algunas recetas antiguas indican que se debe verter en ellas un líquido como agua o aceite (para botellas designadas a la bendición o a la protección), vinagre o incluso orina (normalmente en aquellas cuyo objetivo es disipar). No lo recomiendo si vas a usarla dentro de tu casa o para exhibirla.

Variante de botella amuleto

Si la botella amuleto va a ser permanente o un talismán protector o potenciador, prueba esta variante.

1. Compra bolas de cristal transparente en una tienda de manualidades, de esas que se utilizan como adornos de Navidad. La tapita de metal se separa. Pinta primero la bola. Es muy delicada y, si se rompe, habrás perdido todo el trabajo cuidadoso de llenarla con los ingredientes elegidos.
2. Quita la tapa y llena la bola con los ingredientes que quieras. Como la abertura es tan chica, tendrás que moler las hierbas, usar trocitos muy pequeños de piedras y, si quieres meter rollos de papel, tendrán que ser diminutos. El cristal es muy fino y frágil, así que actúa con mucho cuidado. Puedes utilizar un embudo o fabricarte uno con un papel enrollado.
3. Sella la tapa con una o dos gotas de cola para evitar que se suelte, lo que provocaría la caída de la bola. No la llenes demasiado para que no sea muy pesada.

Son muy bonitas para colgarlas en las ventanas o para regalar. Resultan especialmente apropiadas como amuletos y talismanes de abundancia, paz, felicidad y salud.

Magia en voz alta

Las palabras tienen poder. Una palabra dicha mueve aire y crea un efecto físico cuando las ondas sonoras golpean el tímpano. De esta forma, llevan las ideas del plano mental al mundo físico y constituyen un ejemplo estupendo de lo que significa manifestar tu voluntad.

Encantamiento es una palabra elegante para definir un acto de magia oral o las palabras que acompañan a un acto mágico. Otras formas de esto mismo son los sortilegios, las oraciones, los himnos y demás. Casi todas las culturas utilizan «palabras mágicas» para la magia y también con fines religiosos.

Incorporar la magia en voz alta a tu práctica espiritual cotidiana no es nada difícil. En realidad, es algo muy común. Acuérdate de las canciones: «Que llueva, que llueva, la Virgen de la Cueva» o «Caracol, col, col, saca los cuernos al sol» cuando quieres celebrar un fenómeno climático. Este tipo de sabiduría popular que consiste en decir algo en respuesta a un suceso no suele considerarse un tipo de magia. Por lo general se ve como una forma de alejar la mala suerte o sencillamente como una costumbre.

Son dichos rurales o canciones infantiles o incluso supersticiones y, en ocasiones, hunden sus raíces en sucesos históricos (la canción de *Mambrú se fue a la guerra*, por ejemplo, está basada en el personaje real del duque de Marlborough). También pueden tener un aspecto de adivinación, como esa cancioncilla que se dice a los niños de «La buenaventura, que Dios te la da, si te pica la pulga, ¡ráscatela!».

El libro *Carmina Gadelica,* de Alexander Carmichael, es una colección de oraciones, bendiciones, sortilegios y encantamientos de las Highlands escocesas reunida entre 1855 y 1910.

La magia en voz alta es una de las formas más fáciles de incorporar la práctica espiritual o mágica a tu rutina diaria. Elige momentos o sucesos concretos y compón pequeños dichos o palabras que puedas pronunciar cuando se produzcan. Esto te ofrece una oportunidad de reconectarte conscientemente con la espiritualidad del día.

Los dichos y encantamientos deben ser sencillos. Si observas los tradicionales, suelen tener ritmo o rima. De ese modo, resultan más fáciles de recordar. No es absolutamente necesario que rimen, pero el hecho de que tengan un ritmo concreto resulta muy útil. Las frases deben ser cortas para no perder el hilo de lo que estás diciendo y para que sean más fáciles de pronunciar y de recordar. No hace falta que las declames; basta con que las murmures o las susurres para ti.

Aquí tienes una lista de posibles momentos o acontecimientos en los que puedes iniciarte en la magia en voz alta. No hace falta que los uses todos; son solo sugerencias. Escoge aquellos que te parezcan útiles.

- Encender el horno
- Echar sal al puchero
- Remover el puchero
- Poner la mesa
- Servir la comida
- Sentarse a comer (¡sí, bendecir la mesa!)
- Abrir la puerta de la cocina
- Barrer
- Fregar los cacharros
- Limpiar las encimeras
- Apagar la luz al final del día

Estos son algunos ejemplos de frases que pueden ayudarte a crear tus propios dichos:

- Mientras remueves el puchero: «Que mi vida esté tan cuidada como mi trabajo en la cocina».
- Mientras sirves la comida: «Que la comida que estamos a punto de tomar alimente a mi familia en cuerpo y alma».
- Mientras barres: «Que toda la energía negativa y no alentadora salga de este lugar».
- Cuando apagas la luz de la cocina por la noche: «Bendice esta cocina y haz que todos los que la usamos nos mantengamos seguros y con salud durante la noche».

- Al abrir la puerta: «Que solo la salud, el amor y la alegría crucen esta puerta para entrar en esta casa».

Los encantamientos y sortilegios tradicionales suelen invocar a alguna deidad. Como este libro no está vinculado específicamente con ninguna práctica espiritual o religiosa, no incluimos dichos relacionados con ellas. Sin embargo, a la gente le suele gustar unirlos con su deidad elegida y te animo a que hagas lo mismo si te sientes impulsada a hacerlo. Puede ser algo tan simple como decir: «En nombre de [deidad]» antes de pronunciar el resto del encantamiento.

Muñeca de hojas de maíz

Por lo general, las muñecas de hojas de maíz se suelen hacer cuando se celebran las primeras fiestas de la cosecha, a comienzos de agosto (cada país o cultura tiene las suyas propias). Estas figuritas se emplean a veces como representaciones de la bruja de la cocina y se cuelgan en la ventana o sobre el fogón para que den buena suerte. Si quieres hacer una cada año, puedes quemar o echar al compost la que ha estado cuidando de tu cocina durante todo el anterior. Guarda las hojas cuando comas maíz fresco a finales de verano. Colócalas estiradas sobre un periódico y déjalas secar durante un par de días. A continuación, guárdalas en una bolsa de papel en un sitio fresco y seco (como un garaje, por ejemplo). Cuando vayas a usarlas, ponlas en un plato de agua para ablandarlas ligeramente. De ese modo estarán flexibles y no se romperán cuando las dobles. No hace falta dejarlas mucho tiempo en remojo; cinco o diez minutos serán suficientes. En muchas manualidades, estas hojas pueden sustituir también a los tallos de trigo si las cortas o las rasgas en tiras finas.

Cómo hacer una muñeca de hojas de maíz

Vas a necesitar:

- Entre 15 y 20 trozos de lana para el pelo (de unos 5 centímetros / 12 pulgadas de largo) del color que elijas
- Hojas de maíz secas remojadas en agua (recórtalas hasta que tengan una longitud de unos 5 centímetros / 12 pulgadas)
- Un paño de cocina o un trapo limpio
- Hilo de algodón de color natural
- Tijeras
- Una ramita de unos 2 o 2,5 centímetros (5-6 pulgadas) de longitud y aproximadamente medio centímetro (1/4 de pulgada) de diámetro

1. Junta los trozos de lana y anúdalos en un extremo. Saca las hojas del agua en la que se estaban remojando y seca el exceso con el paño.
2. Coloca 4 hojas una encima de otra alineando los bordes largos y cortos. Pon la lana sobre la parte superior de las hojas con el nudo cerca del extremo más estrecho. Enrolla las hojas apiladas alrededor de ella y átalas con un trozo de cuerda justo encima del nudo. Debes atarlas con fuerza pero sin que lleguen a romperse. Recorta las puntas de la cuerda.
3. Da la vuelta a las hojas sobre el nudo para formar la cabeza de la bruja. Ata otro trozo de cuerda alrededor de ellas para hacer el cuello. De esta forma quedará a la vista el hilo del pelo.
4. Para hacer los brazos, enrolla una hoja apretada y ata un trozo de cuerda alrededor de la mitad para que no se desenrolle. Desliza el brazo entre las capas de las hojas dobladas. Si quieres, puedes rasgar un poco las que forman el cuerpo para colocar los brazos en el lugar donde quieras ponerlos. Recorta estos a la longitud deseada y átalos por las muñecas con un trocito de cuerda.

5. Forma la cintura atando un trozo de cuerda justo por debajo de los brazos.
6. Para hacer una escoba, corta un trozo de 2,5 centímetros (1 pulgada) del lado ancho de una hoja. Haz una especie de flequillo en este trozo haciéndole unos cuantos cortes en línea y dejando una tira entera de aproximadamente medio centímetro (¼ de pulgada) de ancho. Con el «flequillo» hacia abajo, enrolla la tira alrededor del extremo de la ramita y átala con un trozo de cuerda. Asegura la escoba a una de las manos atándola con cuerda.

Honrar las estaciones

Esta es una manualidad estupenda para que participe en ella toda la familia. Es especialmente apropiada para hacerla con niños pequeños. Puedes elegir de antemano un proyecto para cada estación o hacerlos a lo largo del año durante las vacaciones. Cuando el *collage* esté terminado, ponlo en la pared o pégalo en la puerta del frigorífico. Si quieres que sea un proyecto continuado, asegúrate de elegir un lugar que pueda ser permanente.

Collage **estacional**

Puedes hacer este *collage* del tamaño que quieras, pero una cartulina de 8,5 × 11 centímetros (22 × 28 pulgadas) te proporcionará espacio abundante para imágenes y objetos que hayas encontrado.

Como enfoque alternativo, los proyectos de este tipo te permiten investigar temas o ideas que te resulten significativos. Puede resultar inspirador analizar aspectos de tu espiritualidad creando un *collage* de los antepasados u otro con el tema de la armonía o la idea de la llama sagrada.

Vas a necesitar:

- Revistas, prospectos, catálogos, tarjetas viejas de felicitación, etc.
- Tijeras
- Fotografías
- Ceras, rotuladores, lápices de colores
- Papel de dibujo o cartulina fina blanca
- Pegamento
- Cartulina (del color que elijas)
- Objetos encontrados relacionados con la estación

1. Recorta imágenes de los catálogos, revistas, tarjetas y prospectos que estén asociadas con la estación (p. ej., las imágenes relacionadas con el verano pueden incluir balones de playa, helados, sandalias, sombreros de paja, fresas, sol y demás). Busca entre las fotografías y elige aquellas que apoyen el tema del *collage*. Si lo deseas, puedes recortar algunos trozos. Haz dibujos o escribe palabras sobre el papel blanco y recórtalos también.
2. Empieza a pegar las imágenes y las palabras sobre la cartulina. Puedes colocarlas todas primero por encima para encontrar un diseño que te agrade o pegarlas directamente en el lugar que te inspire y dejar que el *collage* vaya formándose por sí mismo.
3. Une los objetos encontrados (ramitas, piedrecillas, hierbas, conchas, etc.) al *collage*. Puedes convertirlo en una actividad continuada en la que vayas añadiendo objetos a lo largo de toda la estación a medida que los vas descubriendo.
4. Retira el *collage* en las siguientes vacaciones y empieza otro nuevo. Puedes fechar los anteriores y guardarlos como registro de lo acontecido o meterlos en bolsas de basura para proteger los objetos encontrados (si los has usado).

Cómo crear figuras y símbolos mágicos

Aquí tienes la receta de una masa no comestible que puedes utilizar para hacer figuritas, símbolos y adornos. Si quieres secar y guardar tus creaciones, asegúrate de que no sean demasiado gruesas ni grandes. Este material no está diseñado para proyectos a gran escala.

La masa básica tiene un color neutro, pero puedes teñirla añadiéndole unas gotas de colorante alimenticio, témpera en polvo o un paquetito de zumo en polvo. Si la metes en bolsas para sándwich con cierre y la guardas en el frigorífico, se conserva muy bien entre dos y tres meses.

Variantes de la masa

En Internet y en libros de actividades para niños podrás encontrar distintas variantes de esta receta. Juega con las proporciones de los ingredientes hasta que encuentres unas que te gusten. Con esta receta se obtienen aproximadamente 2 tazas de masa.

Vas a necesitar:

- 2 tazas de harina
- ¾ de taza de sal
- 2 cucharadas soperas de cremor tártaro
- 2 tazas de agua
- 1 cucharada sopera de aceite
- Colorante alimenticio o de otro tipo (opcional)

1. Mezcla los ingredientes secos en una cazuela mediana a fuego bajo.
2. Mide el agua y el aceite y añádelos a fuego lento a los ingredientes secos sin dejar de remover. Agrega el colorante si lo vas a usar.

3. Sigue removiendo mientras espesa la mezcla. Cuando empiece a despegarse de los lados de la cazuela y forme una bola, retira del fuego.
4. Deja enfriar la masa. Si quieres colorearla con colorante alimenticio líquido o en gel, divídela en tantos trozos como colores quieras usar, añade una o dos gotas de colorante a cada bola y amásala.
5. Para guardarla, métela en bolsas de plástico con cierre hermético, presiona para sacar todo el aire posible y refrigera. Antes de usarla, espera a que se haya puesto a temperatura ambiente.

Las creaciones que hagas con esta masa pueden secarse al aire en un lugar seguro. Tardarán aproximadamente 1 semana. Colócalas en un cuadradito de papel encerado y déjalas en el alféizar de una ventana o encima del frigorífico. Dales la vuelta regularmente. Si prefieres secarlas en el horno, colócalas en una bandeja recubierta de papel de aluminio y hornéalas durante al menos 1 hora a unos 120 ºC (250 ºF). Los objetos muy gruesos pueden secarse por fuera mientras el interior se licúa y escapa por una grieta. Por eso es conveniente calentarlos poco a poco. Los objetos ya endurecidos son frágiles, así que manipúlalos con cuidado. Una vez secos puedes pintarlos y luego barnizarlos para reforzarlos.

CAPÍTULO 11

Hechizos y rituales

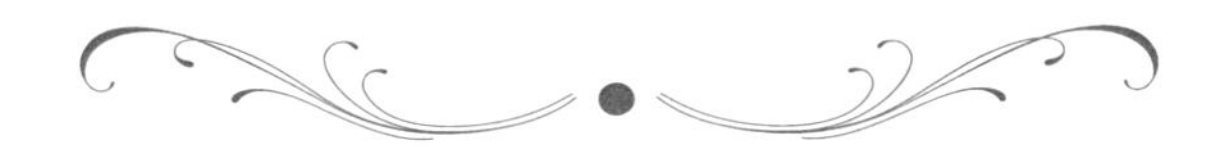

ESTE CAPÍTULO ES UNA COLECCIÓN de hechizos y rituales basados en el hogar y en el lar. La mayoría de ellos usa de un modo u otro los símbolos del caldero y de la llama sagrada. También están muy centrados en las purificaciones y limpiezas porque una gran parte del trabajo espiritual del hogar consiste en mantener su energía tan limpia y positiva como sea posible y en apoyar y alimentar de este modo a las personas que viven en él.

Recuerda que, en el contexto de la brujería del hogar, la palabra *ritual* significa solo algo que se aísla como trabajo espiritual consciente y hecho con atención y no nada complicado ni confuso. Aunque en estas páginas se presentan de una forma muy simple, puedes hacerlos todo lo formales que te apetezca.

Encender la lámpara de aceite o la vela

Esta oración se centra en el uso de una vela o una lámpara de aceite como símbolo de la presencia del Espíritu. Pronúnciala cuando la enciendas.

Llama sagrada,
arde con fuerza en mi corazón.
Enciendo esta llama en reconocimiento de tu santidad.
Bendíceme, llama sagrada,
con tu luz.

Consagrar velas o combustible

Sostén las manos sobre el aceite o las velas y visualiza la llama sagrada representada por el lar que arde en tu corazón. Visualiza el fuego que fluye de tu corazón hacia tus brazos y baja por tus manos. Visualiza la luz que fluye de tus manos a las velas o al combustible bañándolos con la energía del lar espiritual. Di:

Dedico estas velas/este aceite al servicio de mi lar espiritual.

Encantamientos y ritos basados en el caldero

Como el caldero es un símbolo de transformación, transmutación, sabiduría y abundancia, resulta fácil incorporarlo al trabajo espiritual basado en el hogar. En lugar de repetir los ritos que ya hemos visto, este te refrescará la memoria en lo que respecta a las meditaciones y oraciones del caldero que vimos en el capítulo 4 y te dará un par de ellas para inspirarte a crear las tuyas.

Hechizo de armonía del caldero

Cuando tu hogar ha estado de todo menos tranquilo, o si los miembros de tu familia han pasado momentos difíciles fuera de él, dale un empujoncito al descanso y a la renovación del lar espiritual con este pequeño hechizo que incorpora como símbolos tanto al caldero como a la llama.

Vas a necesitar:

- Sal o arena (suficiente para hacer un fondo de unos cuatro centímetros (1,5 pulgadas) en el caldero o más (si la vela es alta)
- Caldero (uno pequeño está muy bien)
- Vela de color azul claro
- Cerillas o encendedor

1. Pon una capa de sal o de arena en el fondo del caldero.
2. Coloca sobre ella la vela azul claro. Enciéndela diciendo:

   Mi lar espiritual es un lugar de descanso y renovación.
   Nos alimenta a mí y a los que están a mi cargo.
   Con esta vela invoco la paz y la armonía en el interior de este hogar.

3. Coloca el caldero y la vela sobre el análogo físico de tu lar espiritual o en tu capillita de la cocina.

Limpieza del umbral de la puerta

Aquí tienes un ritual alternativo y más simple para limpiar el umbral de la puerta de entrada de tu casa. No incluye el extenso método protector del ritual de protección del umbral de la puerta de entrada que vimos en el capítulo 7, por lo que es ideal para un uso regular.

Ritual de limpieza del umbral de la puerta de entrada

El vinagre y la sal son sustancias excelentes para expulsar la negatividad. El clavo aporta una inyección de energía purificadora.

Vas a necesitar:

- 1 taza de agua
- 1 cucharada sopera de vinagre
- 1 cucharada sopera de sal
- 3 clavos enteros
- Un cuenco o un cubo
- Paño de limpieza

1. Introduce el agua, el vinagre, la sal y los clavos en el recipiente y déjalos reposar en un lugar soleado durante al menos una hora.
2. Moja el paño en el líquido y limpia el umbral de la puerta. Mientras lo haces, visualiza que se va disipando toda la negatividad que tuviera adherida. Di: *De este modo limpio este umbral de energía negativa.*
3. Repite regularmente y siempre que sea necesario.

Bendición de la casa

Aquí tienes un ritual completo, con múltiples pasos, para bendecir tu hogar. Es básico y usa los cuatro elementos físicos de tierra, agua, aire y fuego para purificar y bendecir la estructura y el espacio. Si quieres, puedes hacer a continuación el ritual de protección del umbral de la puerta de entrada que encontrarás en el capítulo 7.

Ritual de bendición de la casa

Vas a necesitar:

- Artículos de limpieza
- Incienso purificador (véase capítulo 7)
- Incensario o cuenco resistente al calor con arena
- Pastilla de carbón vegetal (si utilizas incienso suelto)
- Cerillas o encendedor
- Vela y candelabro (del color que elijas)
- Una tacita de agua
- Un pellizco de sal

1. Repara todo aquello que esté estropeado en tu casa. Limpia concienzudamente las paredes, los suelos, las ventanas, los armarios, las escaleras y demás. Mientras lo haces, ve moviéndote en el sentido contrario a las agujas del reloj por toda tu casa y termina barriendo la suciedad por la puerta de atrás y sacudiendo los trapos de polvo y vaciando el agua con la que has limpiado también por esa misma puerta.
2. Empieza en el análogo físico de tu lar espiritual. Prende el incienso de purificación (como la mezcla suelta que se describe en el capítulo 7). También van muy bien el incienso, el sándalo o el cedro si prefieres usar una varita o un cono comprado.
3. Ve llevando el incienso en el sentido de las agujas del reloj por toda la casa pasando por cada una de las habitaciones. No te olvides de echar el humo al interior de los armarios y detrás de las puertas. Mientras lo haces, di: *Con fuego y aire bendigo este hogar.*
4. Regresa al lar con el incienso y vuelve a dejarlo allí.
5. Enciende la vela. Ve llevándola en el sentido de las agujas del reloj por toda la casa mientras dices: *Con luz y llama bendigo esta casa.*

6. Devuelve la vela al lar.
7. Coge la taza de agua y añádele la sal. Llévala en el sentido de las agujas del reloj por toda la casa. Moja un dedo y toca el exterior del marco de cada una de las puertas y luego el interior y también el de cada una de las ventanas y de los armarios mientras dices: *Con agua y sal bendigo esta casa.* Si lo prefieres, en lugar de limitarte a tocarlos con el dedo puedes dibujar un símbolo sencillo que para ti represente la bendición. Devuelve el agua al lar.
8. Colócate delante de tu lar y di: *Fuego, agua, aire y tierra, bendecid mi hogar y a todos los que habitan en él.*

Bendición de una habitación

Este ritual se centra en una sola habitación y usa las asociaciones que tengas con ella como base para la bendición. Una parte de él consiste en hacer una bolsita que luego colgarás o colocarás en algún lado. Como preparación, siéntate unos momentos en la habitación que vayas a bendecir y reflexiona sobre su identidad. ¿A qué color te recuerda su energía? Úsalo para anclar la bendición en ella. Puedes elegir un lazo o una tela de este color para el hato que vas a hacer. Si decides usar un lazo de ese color, utiliza tela blanca; si prefieres usar una tela de color, emplea un lazo blanco. Puedes utilizar una vela blanca o del color elegido.

También puedes personalizar esta bendición eligiendo distintas piedras o colores con las energías que quieras introducir o enfatizar en el cuarto.

Ritual de bendición de una habitación

Vas a necesitar:

- Una vela en su candelabro (blanca o de color)
- Cerillas o encendedor
- Un pellizco de sal (para el agua)
- Una tacita de agua
- Un cuadrado de tela de 10 × 10 centímetros (4 × 4 pulgadas)
- Una amatista o cuarzo transparente pequeños
- Un pellizco de sal (para la bolsa)
- 1 moneda
- Un lazo estrecho de unos 25 centímetros (10 pulgadas) de largo (blanco o de color)

1. Enciende la vela y colócala en el centro de la habitación. Di:

    Por la luz de esta llama sagrada
    bendigo esta habitación.
    Que sea un lugar de armonía.

2. Añade el pellizco de sal a la taza de agua. Mójate el dedo en ella y dibuja una línea a lo largo del umbral de la puerta. Di:

    Con esta agua y esta sal
    bendigo el umbral de esta habitación.
    Que los que entren en ella conozcan la paz.

3. Coge el cuadrado de tela y coloca sobre él la piedra, el pellizco de sal y la moneda diciendo:

    Esta piedra para la armonía.
    Esta sal para la protección.
    Esta moneda para la abundancia.

4. Recoge las esquinas de la tela y átala con el lazo. Pasa el hato con cuidado por encima de la vela diciendo:

   Sello esta bendición con fuego.
   Que esta habitación conozca siempre la luz y el amor.

5. Cuelga el hato encima de la puerta o ponlo en algún lugar de la habitación donde su energía pueda continuar bendiciéndola y di:

   Esta habitación está bendecida.

Purificación personal

Aquí tienes una autopurificación sencilla que puedes hacer antes de emprender algo importante. Sirve también para relajarte en mitad de cualquier cosa si notas que estás empezando a alterarte o si algo te asusta o te provoca angustia. Es asimismo una forma muy agradable de empezar o terminar el día. Resulta especialmente útil cuando quieres centrarte en algo y tu mente divaga o no se concentra en la tarea que estás intentando realizar.

Ritual de purificación personal

La vela que vas a usar puede ser una que enciendas regularmente en la cocina mientras trabajas u otra que reserves para este fin concreto o para purificaciones en general. No hace falta que se queme totalmente.

Vas a necesitar:

- Una vela pequeña (del color que elijas; el blanco siempre va bien)

- Cerillas o encendedor
- Un cuenquito o platito con sal

1. Enciende la vela y colócala sobre la mesa.
2. Pon también el cuenco de sal en la mesa y siéntate. Dedica unos minutos a calmarte, a sentirte bien presente y a ser consciente de tus actos.
3. Haz unas cuantas respiraciones limpiadoras y levanta las manos. Introduce los dedos en el cuenco de sal.
4. Cierra los ojos y respira hondo. Al exhalar, visualiza que toda la energía negativa o la emoción no deseada fluye por tus brazos y sale por tus dedos para ser absorbida por la sal.
5. Continúa haciéndolo todo el tiempo que necesites para limpiarte de la energía o la emoción no deseada.
6. Cuando hayas concluido, retira los dedos de la sal y abre los ojos. Centra tu atención en la vela que está ardiendo sobre la mesa. Inspira y, al hacerlo, visualiza que el calor y el brillo de la llama son atraídos hacia tu cuerpo y lo llenan de luz y de belleza.
7. Continúa haciéndolo hasta que te sientas renovada, centrada y tranquila. Apaga la vela. Disuelve la sal en agua y viértela por el desagüe del fregadero.

Cómo crear un espacio sagrado

Si quieres crear un espacio sagrado para tu trabajo espiritual de una forma más definida, puedes usar este método tan sencillo. Es cierto que el hogar ya lo es en sí mismo, pero hay momentos en los que puedes tener la necesidad de definir una zona concreta como especialmente sagrada por cualquier razón. Considera este método como una purificación de un espacio determinado para dejarlo inmediatamente disponible para un trabajo espiritual concreto.

Crea un espacio sagrado

Aquí tienes una forma sencilla de crear un espacio sagrado. Si te cuesta moverte por la zona que quieres definir, puedes girar y elevar el elemento en dirección a los cuatro puntos cardinales mientras visualizas que su energía fluye desde el símbolo que tienes en las manos y empuja toda la energía no deseada para expulsarla.

Vas a necesitar:

- Una vela en su candelabro
- Incienso y un incensario
- Cerillas o encendedor
- Una tacita de agua
- Un platito con sal, arena o tierra

1. Enciende la vela y el incienso. Dedica un minuto a adquirir plena conciencia del momento.
2. Lleva el incienso por toda la zona en la que deseas trabajar diciendo:

Bendigo este espacio con aire.

3. Lleva la vela por toda la zona diciendo:

Bendigo este espacio con fuego.

4. Lleva la taza de agua por toda la zona diciendo:

Bendigo este espacio con agua.

5. Lleva la sal por toda la zona diciendo:

Bendigo este espacio con tierra.

6. Vuelve al punto de partida y cierra los ojos. Conéctate desde el corazón con tu lar espiritual. Di:

Invoco el poder del lar espiritual para bendecir este espacio.

Cuando hayas terminado de trabajar, no hace falta que deshagas de ningún modo el espacio sagrado. La energía del entorno irá fluyendo poco a poco a través de él y devolviéndolo a su estado cotidiano.

Otras recetas mágicas

Aquí tienes una colección de polvos, aceites e inciensos basados en el hogar que pueden tener muy diversas aplicaciones para la actividad espiritual que realices en casa.

Polvos para purificar las alfombras y el suelo

Estos polvos contienen ingredientes que eliminan la energía negativa y, además, tienen la ventaja práctica añadida de que absorben los malos olores y refrescan el ambiente. También puedes espolvorearlos en muebles tapizados. No son tóxicos, así que no representan ningún peligro para las mascotas.

Polvos purificadores

Vas a necesitar:

- ½ taza de sal
- 2 cucharadas soperas de menta
- 1 cucharada sopera de cáscara de limón seca
- 1 cucharada sopera de lavanda
- 1 cucharada sopera de romero
- 1 cucharadita de clavo molido
- Mortero o molinillo de café
- 1 taza de bicarbonato sódico

1. Machaca la sal, la menta, la cáscara de limón, la lavanda, el romero y los clavos en el mortero o en un molinillo de café reservado para las manualidades.
2. Mezcla el polvo resultante con el bicarbonato sódico.
3. Espolvorea la mezcla sobre alfombras y suelos y deja reposar durante al menos 2 horas o, a ser posible, toda la noche.
4. Aspira o barre. Tira fuera de casa el contenido de la bolsa de la aspiradora o del recogedor.

Combinaciones de aceites

En este libro no hemos abordado realmente la forma de mezclar tus propios aceites esenciales porque no todo el mundo tiene en casa los ingredientes necesarios. Si te gusta trabajar con ellos o te apetecería probar, aquí tienes algunas recetas de mezclas basadas en el hogar. Necesitan un aceite base o portador como, por ejemplo, de pepita de uva, de almendras dulces, de jojoba u otro ligero. Si no hay más remedio, también puedes usar un aceite de oliva ligero. Si tienes sensibilidad a alguno concreto, elimínalo y sustitúyelo por otro.

Prueba las siguientes recetas. Puedes modificarlas tanto como sea necesario para que reflejen los resultados que estás buscando. Pon unas gotas de una mezcla en la bolsa de la aspiradora cuando la coloques. ¡Conseguirás que, después de una sesión de aspiración, el aire huela de maravilla! También puedes frotar velas con estas mezclas, usarlas como aceite de unción sobre objetos o marcos de puertas o incluso aplicar unas gotitas sobre tu propia piel si ves que necesitas un empujoncito.

Aceite del lar

Esta es una mezcla diseñada para representar la energía de un lar ideal. Contiene aceite de canela, que puede resultar irritante, así que manipúlalo con cuidado.

- 1 gota de aceite de canela
- 2 gotas de aceite de sándalo
- 4 gotas de aceite de lavanda
- 1 gota de aceite de jazmín
- 1 gota de aceite de rosa
- 2 gotas de aceite de incienso
- 1 gota de aceite de pino
- 1 cucharada sopera de aceite portador

Mezcla y embotella. Etiqueta con los ingredientes y la fecha.

Aceite limpio y luminoso

Este aceite contiene una gran energía limpiadora. Pon unas gotas en el agua para fregar el suelo o en un paño húmedo para limpiar las encimeras.

- 5 gotas de aceite de limón
- 5 gotas de aceite de naranja
- 2 gotas de aceite de menta
- 3 gotas de aceite de lavanda
- 1 cucharada sopera de aceite portador

Mezcla y embotella. Etiqueta con los ingredientes y la fecha.

Aceite de purificación

Utiliza este aceite para ungir objetos que necesiten ser purificados o para limpiar piedras o elementos que hayas estado usando con el fin de mantener o equilibrar la energía de una habitación. También puedes ponerte una o dos gotas en las muñecas cuando realices el ritual de purificación personal (en páginas anteriores de este mismo capítulo).

- 5 gotas de aceite de incienso
- 3 gotas de aceite de sándalo
- 2 gotas de aceite de limón
- 2 gotas de aceite de lavanda
- 2 gotas de aceite de rosa
- 1 cucharada sopera de aceite portador

Mezcla y embotella. Etiqueta con los ingredientes y la fecha.

Aceite para bendecir

Utiliza este aceite para ungir objetos cuando quieras darles un poco de energía positiva divina o del lar espiritual. Esta mezcla puede usarse en lugar del aceite para el ritual de reconocimiento de la santidad del lar que aparece en el capítulo 3.

- 4 gotas de aceite de sándalo
- 4 gotas de aceite de rosa
- 4 gotas de aceite de incienso
- 1 cucharada sopera de aceite portador

Mezcla y embotella. Etiqueta con los ingredientes y la fecha.

Aceite sellador

Utiliza este aceite para cerrar y proteger zonas u objetos. También puedes emplearlo en el ritual de protección del umbral descrito en el capítulo 7.

- 1 cucharada de aceite portador
- 3 pellizcos de sal
- 1 clavo entero
- 1 hoja de salvia

1. Mezcla todo en una botella. Etiquétala con los ingredientes, el propósito y la fecha. Antes de usarlo, déjalo reposar en un lugar soleado durante al menos 9 días para que macere.
2. Para utilizarlo, moja un dedo en él y dibuja una línea a lo largo o a lo ancho de la zona que estás sellando (alrededor del marco de una puerta o de una ventana, a lo largo de una pared, atravesando un umbral, etc.).

Mezclas de inciensos

Aquí tienes varias recetas de mezclas de inciensos. Prepáralas siguiendo las instrucciones de los capítulos 7 (incienso suelto, incienso purificador) y 10 (incienso de hierbas y resinas, bolas de incienso).

Purificación

Aquí tienes otra receta para preparar un incienso suelto de purificación. No doy medidas exactas porque, aparte de equilibrar una parte de resina por una parte de planta seca, las proporciones son cosa tuya.

- Romero
- Salvia
- Clavo
- Resina de incienso
- Resina de mirra

Mezcla y embotella siguiendo las instrucciones del capítulo 7 (incienso suelto, incienso purificador).

Incienso de los antepasados

Es muy apropiado para honrar a los antepasados o para acudir a ellos en busca de ayuda y apoyo.

- Romero
- Salvia
- Resina de mirra

Mezcla y embotella siguiendo las instrucciones del capítulo 7 (incienso suelto, incienso purificador).

Epílogo

EL FUEGO DEL HOGAR es también el fuego del corazón. La base de la brujería del hogar es su veneración como entidad espiritual y espacio sagrado. Los consejos y técnicas descritos en este libro no convierten tu hogar en un espacio sagrado, sino que es tu propia forma de vivir en él lo que define su santidad, su vida continua como influencia espiritual positiva para todos los que residen en él y lo visitan. Al fin y al cabo, tu espiritualidad basada en el hogar es lo que tú quieras que sea.

Espero que este libro te haya ayudado a profundizar en la consideración de tu hogar como un lugar sagrado y que te haya proporcionado algunas ideas. Esto no se limita en absoluto a lo que aparece en estas páginas porque la percepción de lo sagrado es distinta para cada persona, al igual que las casas y las prácticas de cada uno. Buscamos y encontramos santidad y bendición en muchos lugares diferentes. Te deseo paz y alegría en tu camino.

Apéndice

Ingredientes y suministros

A continuación encontrarás una breve lista de las energías asociadas a las distintas hierbas y condimentos de cocina que se utilizan con fines espirituales y mágicos. No es ni mucho menos exhaustiva. Si estás buscando un buen libro de referencia que te ayude a explorar las energías asociadas a las piedras y las plantas, la *Enciclopedia de las hierbas mágicas*, y la *Enciclopedia de cristales, gemas y metales mágicos*, ambas de Scott Cunningham, son muy recomendables como punto de partida.

- **Bendición**: aceite de oliva, sal, agua
- **Protección**: romero, sal, clavo, angélica, laurel, hinojo, ruda, salvia
- **Alegría**: lavanda, limón, naranja
- **Amor**: rosa, albahaca, manzana, cardamomo, vainilla
- **Comunicación**: lavanda, albahaca, clavel
- **Purificación**: sal, hinojo, ruda, salvia, limón
- **Abundancia**: albahaca, pimienta de Jamaica, canela, semilla de alholva, menta

- **Energía y acción**: canela, jengibre, clavo, guindillas
- **Salud**: jengibre, limón, manzana, semilla de alholva, angélica, cilantro, salvia, naranja
- **Meditación**: anís, incienso, sándalo
- **Purificación**: angélica, salvia, clavo, sal, bicarbonato sódico, limón, rosa

Lista básica de referencia de los colores

Si estás buscando un tema o una energía en concreto y no aparece en esta lista, piensa en él y elige el color que tu intuición te impulse a escoger. Es una buena norma general para cuando mires cualquier lista de referencia de colores: cada persona es diferente y lo que el rojo significa para una puede ser lo que para otra represente el azul.

Colores

- **Rojo**: vida, pasión, acción, energía, fuego
- **Rosa**: afecto, amistad, cariño
- **Naranja**: éxito, velocidad, profesión, acción, alegría
- **Amarillo**: asuntos intelectuales, comunicación
- **Verde claro**: sanación, deseos
- **Verde oscuro**: prosperidad, dinero, naturaleza
- **Azul claro**: verdad, espiritualidad, tranquilidad, paz
- **Azul oscuro**: sanación, justicia
- **Violeta**: misticismo, meditación, espiritualidad
- **Morado**: poder oculto, espiritualidad
- **Negro**: protección, fecundidad, misterio, meditación, renacimiento

- **Marrón**: estabilidad, hogar, profesión
- **Blanco**: pureza, desarrollo psíquico, bendición
- **Gris**: calma, trabajo espiritual, dejar atrás una situación, neutralización de energía o situaciones

Bibliografía

Ariana. *House Magic: The Good Witch's Guide to Bringing Grace to Your Space.* Berkeley, CA: Conari Press, 2001.

Carmichael, Alexander. *Carmina Gadelica Volume One.* The Sacred Text Archive. www.sacred-texts.com/neu/celt/cg1/index.htm (consultado el 23 de noviembre del 2007).

—. *Carmina Gadelica Volume Two.* The Sacred Text Archive. www.sacred-texts.com/neu/celt/cg2/index.htm (consultado el 23 de noviembre del 2007).

Clines, David J.A. «Sacred Space, Holy Places and Suchlike». Reimpreso en *On the Way to the Postmodern: Old Testament Essays 1967-1998, Volume 2* (*Journal for the Study of the Old Testament, Supplement Series 292*; Sheffield (Reino Unido): Sheffield Academic Press, 1998.

Cunningham, Scott. *El libro completo de inciensos, aceites e infusiones.* Móstoles, Arkano Books, 2008.

—. *Enciclopedia de cristales, gemas y metales mágicos.* Móstoles, Arkano Books, 2008.

—. *Enciclopedia de las hierbas mágicas.* Móstoles, Arkano Books, 2008.

—. *The Magical Household: Empower Your Home with Love, Protection, Health, and Happiness.* St. Paul (Minesota): Llewellyn Publications, 1987.

—. *Magia naural práctica.* Barcelona, Ediciones Robinbook, 1995.

Dixon-Kennedy, Mike. *Celtic Myth & Legend: An A–Z of People and Places.* Londres: Blandford, 1997.

Eliade, Mircea. *Patterns in Comparative Religion.* Nueva York,: Meridian (New American Library), 1963.

—. *Lo sagrado y lo profano.* Editorial Austral, 2018.

Encyclopedia of Shinto. http://eos.kokugakuin.ac.jp/modules/xwords/entry .php?entryID=208 (consultada el 22 de febrero del 2008).

Frost, Seena B. *Soulcollage: An Intuitive Collage Process for Individuals and Groups.* Santa Cruz (California): Hanford Mead Publishers, 2001.

Guirand, Felix, ed. *New Larousse Encyclopedia of Mythology.* 2.ª edición. Londres: Hamlyn Publishing Group, 1968.

Homero. *Himnos homéricos.* Madrid, Ediciones Cátedra, 2005

Ingrassia, Michele. «How the Kitchen Evolved». Newsday.com, 2004. https://web.archive.org/web/20080408045613/www.newsday.com/community/guide/lihistory/ny-historyhome-kitchen,0,2541588.story? coll=ny-lihistory-navigation (consultado el 8 de abril del 2008).

Kesten, Deborah. *Feeding the Body, Nourishing the Spirit: Essentials of Eating for Physical, Emotional, and Spiritual Well-Being.* Berkeley (California): Conari Press, 1997.

Lawrence, Robert Means. *The Magic of the Horse-Shoe with Other Folk-Lore Notes.* Boston (Massachusetts): Houghton Mifflin & Co., 1898. www.sacred-texts.com/etc/mhs/mhs00.htm (consultado el 8 de febrero del 2008).

Lin, Derek. «Drink Water, Think of Source». www.taoism.net/living/1999/199909.htm (consultado el 11 de enero del 2008).

Linn, Denise. *Altars: Bringing Sacred Shrines Into Your Everyday Life.* Nueva York: Ballantine Wellspring, 1999.

—. *Sacred Space: Clearing and Enhancing the Energy of Your Home.* Nueva York: Ballantine Wellspring, 1995.

McMann, Jean. *Altars and Icons: Sacred Spaces in Everyday Life.* San Francisco (California): Chronicle Books, 1998.

Mickaharic, Draja. *Protección espiritual.* Barcelona, RBA Coleccionables, 2003.

Morrison, Dorothy. *Everyday Magic: Spells & Rituals for Modern Living.* St. Paul (Minnesota): Llewellyn Publications, 1998.

—. *Magical Needlework.* St. Paul (Minnesota): Llewellyn Publications, 2002.

Murphy-Hiscock, Arin. *Power Spellcraft for Life.* Avon (Massachusetts): Provenance Press, 2005.

—. *La bruja verde.* Móstoles, Arkano Books, 2019.

—. *Protection Spells.* Avon (Massachusetts): Adams Media, 2018.

Oxford University Press. *Shorter Oxford English Dictionary.* 5.ª edición. Oxford: Oxford University Press, 2003.

Polson, Willow. *The Crafty Witch.* Nueva York: Citadel, 2007.

—. *Witch Crafts.* Nueva York: Citadel, 2002.

Rose, Carol. *Spirits, Fairies, Leprechauns, and Goblins: An Encyclopedia.* Nueva York: W.W. Norton & Company, 1996.

Ross, Alice. «What Is a Kitchen?», *Journal of Antiques and Collectibles*, mayo 2003. http://journalofantiques.com/2003/columns/hearth-to-hearth/hearth-to-hearth-what-is-a-kitchen/ (consultado el 3 de julio del 2018).

Rubel, William. *The Magic of Fire: Hearth Cooking: One Hundred Recipes for the Fireplace or Campfire.* Berkeley (California): Ten Speed Press, 2002.

Telesco, Patricia. *A Kitchen Witch's Cookbook.* St. Paul (Minnesotta): Llewellyn Publications, 1994.

—. *Magia fácil.* Barcelona, Ediciones Obelisco, 2002.

Thompson, Janet. *Magical Hearth: Home for the Modern Pagan.* York Beach (Maine): Weiser, 1995.

Tresidor, Jack. *Dictionary of Symbols: An Illustrated Guide to Traditional Images, Icons, and Emblems.* San Francisco (California): Chronicle Books, 1998.

Wylundt y Steven R. Smith. *El libro del incienso.* Málaga, Editorial Sirio, 2000.

Índice temático

En esta misma editorial

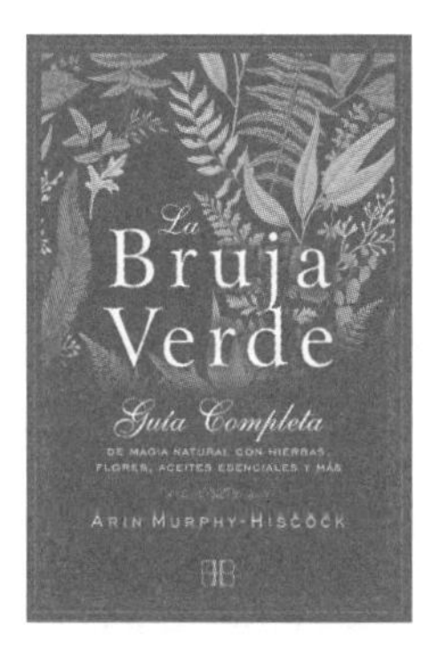

LA BRUJA VERDE

Guía completa de magia natural con hierbas, flores, aceites esenciales y más

ARIN MURPHY-HISCOCK

La bruja verde te guía en este camino mágico y te enseña a elaborar pociones y aceites curativos, además de revelarte que los cristales, las gemas, las piedras y hasta las ramitas pueden ayudarte a encontrar el equilibrio interior.

LA BRUJA AUTOSANADORA

Fórmulas mágicas para mimar tu cuerpo, tu mente y tu espíritu

ARIN MURPHY-HISCOCK

En *La bruja autosanadora* encontrarás consejos sobre cómo mimar tu cuerpo, tu mente y tu espíritu con hechizos, meditaciones, mantras y poderosas actividades que te ayudarán a mantener la salud, aliviar el estrés, superar la tristeza, canalizar la alegría y abrazar tu propia fortaleza.

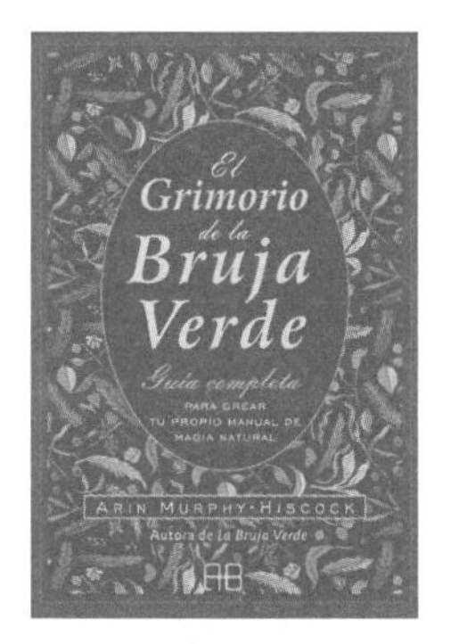

EL GRIMORIO DE LA BRUJA VERDE

Guía completa para crear tu propio manual de magia natural

ARIN MURPHY-HISCOCK

Con *El grimorio de la bruja verde* aprenderás a crear y organizar tu propio manual de magia natural. Aunque a primera vista parezca un simple libro de sabiduría, hechizos y rituales, en realidad tu grimorio es el mejor reflejo de tu espíritu.

En esta misma editorial

HECHIZOS DE PROTECCIÓN

Anula las energías negativas, deshazte de las influencias tóxicas y abraza tu poder

ARIN MURPHY-HISCOCK

Hechizos de protección presenta más de 100 encantamientos para la defensa y la protección que, además de blindar tu energía contra los peligros externos, creará un entorno seguro para tus seres queridos, agudizará tus sentidos frente a las amenazas y te reportará numerosos beneficios.

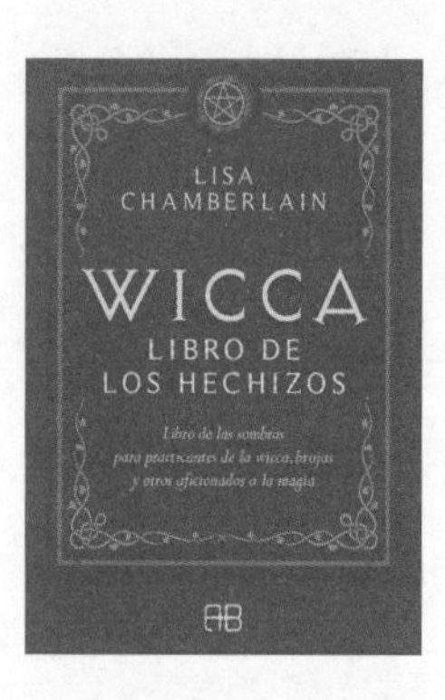

WICCA, LIBRO DE LOS HECHIZOS

Libro de las sombras para practicantes de la wicca, brujas y otros aficionados a la magia

LISA CHAMBERLAIN

El mundo de la magia encierra un enorme potencial.Y dado que existen literalmente miles de hechizos para todos los propósitos que puedas imaginar, Lisa Chamberlain ha seleccionado en esta obra los mejores y más efectivos, junto con encantamientos y otras formas de magia que llenarán tu vida de experiencias positivas.

WICCA. LIBRO COMPLETO DE LA BRUJERÍA

Edición revisada 25 aniversario

RAYMOND BUCKLAND

Este libro contiene quince lecciones básicas que describen claramente la historia y la filosofía de la Magia Blanca, en particular en lo referente a sus deidades y creencias, las herramientas mágicas y su vestimenta, las congregaciones y los rituales, el significado de los sabats (aquelarres), la meditación, la adivinación, el herbalismo y los diversos métodos de curación.

GRUPO GAIA